前言

小節 1
作者序

感謝許多貴人前輩的提攜與指正，讓這一本著作<美股投資攻略(教您穩當獲利年18%)>能順利出版，這一本書是在經過綜合許多投資大師的智慧精華、應用電腦科技及個人10多年的投資美股、台股、期貨、選擇權、外匯、海內外ETF基金、避險基金、債券、原油、黃金...等等經驗，累積出來的一本智慧結晶。

市場上，有人看基本面作投資，有人看技術面，也有人看整個政治經濟環境作長期佈局，筆者認為一個完善的投資，要能夠同時掌握政治面、經濟面、基本面及技術面，使投資的策略短、中、長期靈活應用，也就是長期保護中期、中期保護短期，才能長期穩健獲利。

Alain
學歷：
國立台灣師大教育碩士畢業
經歷：
台大實驗室工程師
巨匠、HP講師，10年以上投資經驗：美股、台股、期貨、選擇權、外匯、海內外ETF基金、避險基金、債券、原油、黃金...等等。

本書教導讀者，如何掌握股市脈動、篩選美股、評估公司的價值、分析股票技術線型，並且當手中沒有股票時，應用賣賣權(sell put)賺保費或買股票建立倉位；當手中有股票時，應用賣買權(sell call)賺租金或賣出股票平倉，如此不斷應用牛市波段獲利，並且將獲利的一部份在股市大跌時，反方作空迅速獲利，最後滾出一個大雪球。

小節 2
為什麼必須閱讀本書

物價上漲,薪水不夠用嗎?

想投資提升收入,但時常賠錢嗎?

想穩定投資,找到好方法了嗎?

Alain老師分享賺錢S.O.P.!

什麼是成功的投資準則?

"巴菲特:投資的第一條準則是不要賠錢!第二條準則是永遠不要忘記第一條!"

本書即將帶您搭上財富高速列車!

機會不等人

小節 3
本書可以帶給您什麼改變

「富爸爸,窮爸爸」一書,暢銷超過二十年,改變數千萬人的人生! 全球銷售逾4,000萬冊!是21世紀最偉大的理財書,想要擺脫窮、忙、困人生。本書教您成為一個成功投資者,成為富爸爸。 我們從事的工作通常被歸類為四個象限:

1.上班員工-為錢工作,您為別人工作,別人決定我的生活,財富難自由,例如:作業員、企業員工、學校雇員...等等,不管您多努力,只能領固定薪水,而且一旦,沒有繼續上班,收入就歸零。

2.自己創業-努力工作賺錢,您為自己工作,例如:老闆、專業人士、醫師...等等師字輩,收入有限,時間不自由,擁有工作而工作,做一天才有一天收入。

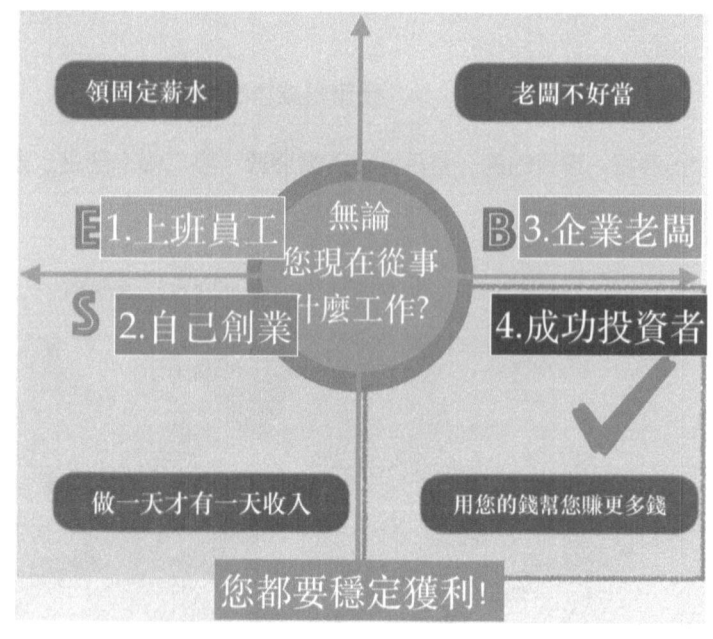

3.企業老闆-有系統為您工作,工作是為了建立系統,唯有企業家才會擁有市場,老闆要負責房租、水電、員工薪資、保險、裝潢、營運管理,要負責所有的營虧也不好當。

4.成功投資者-用您的錢幫您賺更多錢,本書就在教導您投資美股的方法,使您成為成功投資者,像巴菲特一樣。

小節 4
如何做到呢?

本書教導讀者一套美股投資攻略圖,這是一套穩定獲利的SOP,以下是圖示:

==>	1.認識美股	2.篩選公司
7.資產配置	美股投資攻略	3.估價
6.複利威力	5.手機警示	4,技術分析

1.認識美股-認識美股的優勢及獲利來源,進而投資美股掌握獲利機會。

2.篩選公司-利用篩選器設定條件,可以很精確及快速找到好的公司。

3.估價-利用美國財報網站,經過判別後,確認是好公司,將其收納在觀察名單中,以便於追蹤買賣。

4.技術分析-利用券商提供的軟體設定可以讓大盤及個股的走勢視覺化,進而協助做正確決策判斷。

5.手機警示-利用手機在我們身邊,掌握大盤及個股的轉折點,不會錯過行情。

6.複利威力-愛因斯坦說:複利比原子彈更可怕,複利是將您的錢本利滾存。

7.資產配置-雞蛋不要放在同一個籃子裡面,分散配置以便分散風險。

為什麼要投資美股?

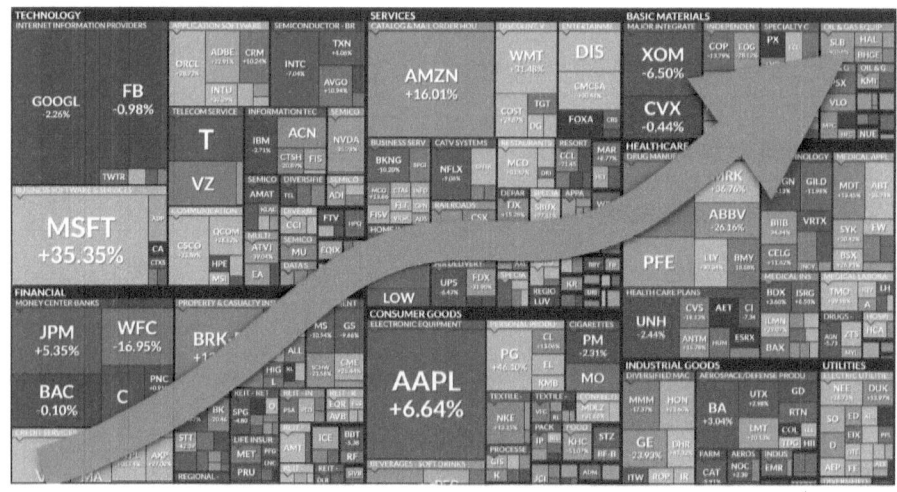

小節 1
美股全球化

　　相較於台灣或是其他國家股市,美國股市存在更多國際超大型績優公司,同時這些公司其實也都在你生活週遭(例如:蘋果公司、麥當勞、臉書、星巴克...等等)。以下圖表比較:

	台灣股市	美國股市	投資美股的優點
公司類型	中小企業居多	全球化公司	全球國際品牌值得信賴
盤中交易最小單位	1張(1000股)	1股	小資族可以買國際大公司
每次投資本金	較高	較低	可以從小就參與理財
股利發放	多為每年一次	多為每季一次	滾錢速度,並且可自動換成小股東再投資
日交易量	小	大	交易量大,股價不易被操弄

　　美股是以一股為單位,只要約7000元,也能輕鬆成為蘋果公司股東。不必有超高投資成本,您也能享受大公司的分紅與獲利。

　　同時,美股的配息分紅多為每季發放股利,而且不會除權息,是真真正正從公司賺錢的營餘分配給股東,並且可以選擇股利轉換為小股票,使投資的複利效果更加快速。

小節 2
美國交易所佔全球市值44%

1.美股交易所市值佔全世界的44%–美國証券交易市場是全世界最大、且流動性最好的市場,因此吸引許多企業來上市及投資人來投資。根據相關資顯示,目前美股總市值為33兆美元。

2.台股淺碟市場,歐股動盪–台灣股市市值只佔了全球1%,是一個淺碟的市場,因此,很容易被外資、法人操控,對於小額資金投資人是很不利的;而歐股市場動盪不安,例如: 義大利總統否決聯合政府、西班牙政局爆震撼彈、歐盟將面臨解體危機、英脫歐、法國大選等等,給投資環境增添了許多變數及風險。

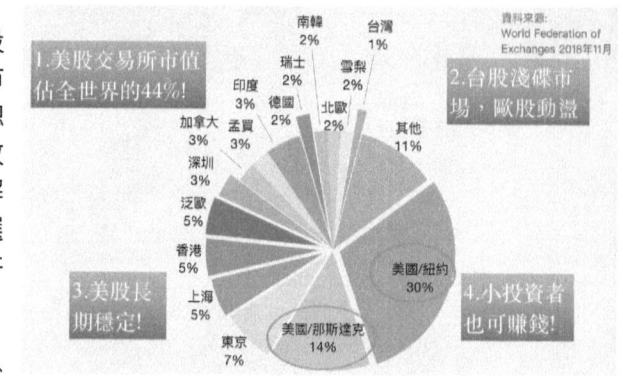

3.美股長期穩定–相較於台灣股市,美國股市存在明更多大型又持續獲利的績優國際型公司,例如:蘋果(AAPL)、亞馬遜(AMZN)、波音(BA)沒有外資主力能控制左右,所以不管對於大戶、小戶都是一樣的公平競爭買賣,美股長期穩定。

4.小投資者也可賺錢–美股是以1股為投資最小單位,例如您買1股蘋果(AAPL),股價是200元美金(相當於台幣6000元),就能輕鬆成為蘋果公司股東,享受大公司的分紅與獲利,與其追逐「蘋概股],不如真正持有蘋果股票。綜觀以上幾點大家可以發現,投資美國股票,可以買到全球化公司,另外,也可以買賣全世界龍頭股在美國上市的ADR,例如,像中國大陸的阿里巴巴(BABA)、台灣的台積電(TSM)、日本的TOYOTA(TM)、香港的中國移動(CHL)、印度的HDFC銀行(HDB)、南韓浦項鋼鐵(PKX)...等等,投資在健全的美國市場中,因著企業獲利而跟著賺錢。參考連結:https://stock-ai.com/grp-Pie-wfePC

小節 3
與巨人共舞

你有聽過巨人的股票嗎？其實就是巨型股(Mega-cap)什麼樣的股票在美國股市裡叫巨人的股票呢？一般股票以超過2000億美元市值稱作巨型股！例如：蘋果(AAPL)市值美元9,160億美元、微軟(MSFT)市值美元10,380億美元、亞馬遜(AMZN)市值美元9,380億美元、谷歌(GOOGL)市值美元7,674億美元、臉書(FB)市值美元5389億美元，這5支都超過2000億美元！我們如果買它的股票成為股東，就可以說像是與巨人共舞，至於和巨人共舞有什麼好處呢？

1.最具影響力的科技霸主-巨型股擁有雄厚的資金，可以將全世界最創新的科技及技術放在產品裡頭，使產品成為最受歡迎、最受消產者追逐的目標，也成為最具影響力的科技霸主！例如：AI人工智慧亞馬遜(AMZN)、臉書(FB)、5G美國電話電報AT&T(T)、威瑞森通訊公司(VZ)、電動車特斯拉(TSLA)、物聯網阿里巴巴(BABA)、銀行摩根大通銀行(JPM)、高盛銀行(GS)、博通公司(AVGO)、高通公司(QCOM)等等，所有最創新的科技全在美國股市裡找得到。

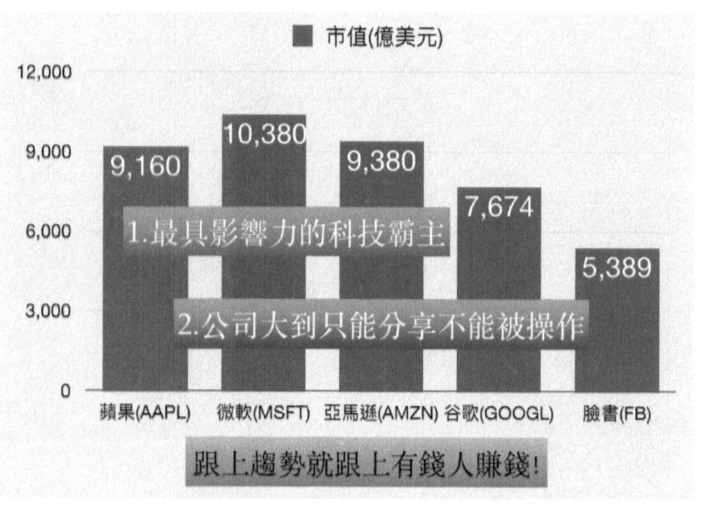

2.公司大到只能分享不能被操作-巨大的市值代表著公司大到只能分享不能被操作，因此，那些法人、金控公司、退休基金公司、私募基金等大戶主力不敢人為操作，同時也所謂大到不能倒，這樣的股票可見其重要性。

您跟上趨勢賺錢了嗎?巨型股資金大、佔有國際市場、引領世界趨勢及風向,所以其他企業都跟著它發展,巨型企業產品佔有最有利的地位,也獲得趨勢利益,投資人如果看懂了跟上趨勢,把錢投資在強大的美國股市裡的巨型股票,就像是跟巨人一起共舞,巨人國際大企業日日壯大,自己的財富也跟有潛力的股票水漲船高,自然口袋也會天天增加!

小節 4
投資在美股勝率高

在投資股票之前,要慎選投報率高的股票市場,美股、台股、陸股,投資哪邊勝率高我們依照它們的表現統計如下:截至2019/4/22止

(1)以1個月績效比:投資在美股2.28% / 台股-1.91% / 陸股-2.88。

(2)以1年績效比:投資在美股9.07% / 台股4.17% / 陸股5.82。

(3)3年績效比:投資在美股41.94% / 台股36.19% / 陸股15.69%。

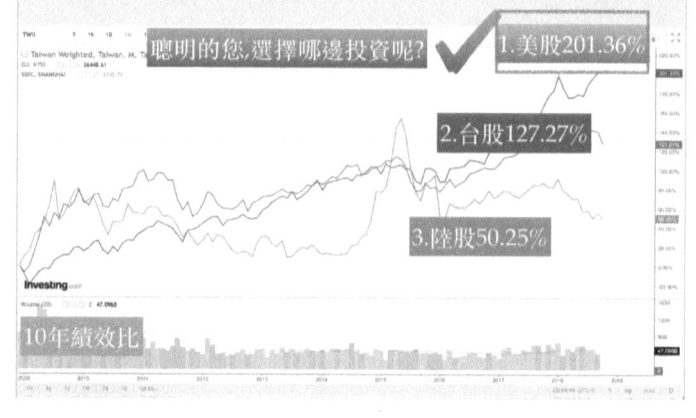

(4)10年績效比:投資在美股201.36% / 台股127.27% / 陸股50.25%。

美國股票之所以這麼迷人,就在於美國市場裡佔有世界資金44%,所以企業容易募集到資金、所有好公司都想盡辦法要在美國上市!而美股市場投資績效又是最高,又充滿著優質的投資機會,投資人會最容易在這裡獲利。

小節 5
美股五大獲利來源

美股的五大獲利來源:賣權利金、 股價差價、 配得股利、 股利換股、複利滾存,這5種收入讓您投資的錢像雪球愈滾愈大。

1.賣權利金-這是美股特有的獲利方式,透過像賣保險的配套作法,做美股選擇權的賣方,意思就像是個人當保險公司,在美股市場裡賣保險給投資人,其獲利大約是一週1%左右保險金,其最大風險是當出險時,買到我們事先評估過有價值且物超所值的股票或是把手中的股票獲利了結賣出。

2.股價差價-好的公司會隨著時間累積,因著產品的獲利,股價也同時水漲船高,投資人也因著把資金投資在這家公司,因著股價上漲產生了成本以上的差價而跟著獲利。

3.配得股利-美股大部份的盈餘都是一季分配一次,並且分配到的紅利不會除權息,是企業真正從賺錢盈利分享給股東,不像台股的配息是從股票裡的本金扣除配給投資人。

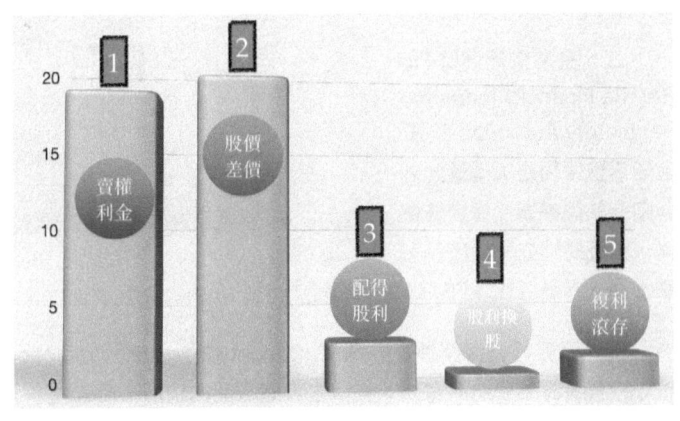

4.股利換股-也就是股息再投資,美股裡可設定拿到紅利時自動換成零股(例如:0.01股),並且免手續費,當您賣出手中整股時零股也會自動跟著賣掉。

5.複利滾存-投資在獲利良好的公司,且股價在合理的價值內勝算就很大,在投資一直是正向且獲利時,本利滾存的複利效果就會出來,那時您手中的投資就會是一個良性循環,帶給您不斷的獲利,投入的金額經過一段時間自為就累積成長。

小節 6
資金安全保障

應該有很多人想知道，存款到美國券商的錢是否安全呢？投資時，我們一定要確認券商是安全的，其實美國券商有保險機制，到相關監管單位打入券商名稱，就可以查到會員的相關資訊，並確保存入資金的安全。以下跟大家介紹三個主要的監管單位：

一、證券交易委員會 SEC(Security and Exchange Commission)-美國證券交易委員會，常被稱為證管會，是根據《1934年證券交易法》成立、直屬美國聯邦政府的獨立機關、準司法機構，負責美國的證券監督和管理工作，為美國證券業最高主管機關。SEC 官網：https://www.sec.gov

二、金融業監管局 FIN-RA(The Financial Industry Regulatory Authority)-美國金融業監管局是美國最大的非政府的證券業自律監管機構，查詢時請先點選Firm，然後輸入券商名稱。FINRA查詢網址：http://brokercheck.finra.org/Search/Search.aspx

三個主要的監管單位：監管制度完善
SIPC提供50萬美金保險保障
選擇券商最重要是資金安全！

三、證券投資者保護公司 SIPC(Security Investors Protection Corporation)-只要是美國證券投資者保護公司的會員，若發生券商倒閉的情形，SIPC會保護您的帳戶中的證券和現金最高達$50萬美元，其中現金最高$25萬美元(但對期貨、期權等衍生金融產品不提供保障)。SIPC官網：https://www.sipc.org/for-investors。

簡單來說，一個監管股票、一個監管金融、一個是保險公司，三個平台的資訊相輔相成，就可以判斷這間券商的安全程度囉！

小節 7
美國券商手續費便宜

還沒有很熟悉美股操作的朋友,可能會有一種迷思,認為投資美股的手續費很貴,其實這跟你用什麼方式交易有關!今天就來算給大家看,投資美股手續費很貴嗎?

美國券商在網路上交易的佣金,一般來說每次股票交易的收手續費大約是$4.95美元,選擇權是以1個合約(100股)為計價單位,手續費是$1美元,可以享用到卓越的投資交易功能和即時資料,不需另加收費用(有些券商是要另外加計的),並且使用高級功能也沒有交易要求(有些券商是要有最低存款才能用高級功能),也沒有開戶最低存款要求。

如果透過台灣複委託買賣美股是以買賣金額的0.15%-0.2%計算,最低USD37.9美元,例如:一次買3萬美元的股票,以複委託的方式手續費是30,000x0.15%=45美元,如果直接從美國券商下單手續費是4.95美元,相差約40美元,折合台幣約1200元,再加上一買一賣來回就相差2400元台幣。

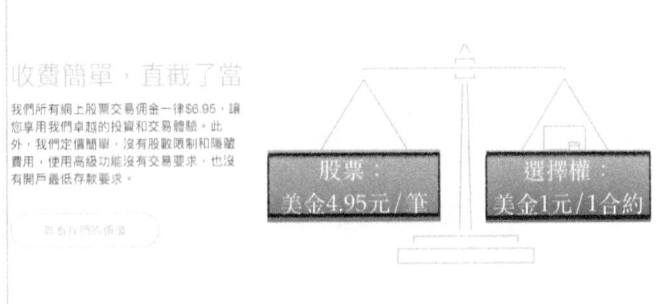

由上述可以看出買賣美股從美國券商開戶下單是最划算的,既沒有下單的時間差,商品眾多且完整,手續費更是省很大呢!

小節 8

投資美股的Q&A

說到「美股投資」，您是不是會有很多疑慮呢？例如..要很多錢嗎？上班上學有時間投資嗎？要去美國開戶嗎？晚上不能睡覺？沒有漲跌幅限制安全嗎?學得來嗎？這次我們一一來替大家解答！

一、要很多錢嗎？投資美股是以1股為最小單位，例如美國最大市值的公司(AAPL)，假如股價是200美元，您只要有台幣200美元x30=台幣6000元，就可以買1股，成為蘋果的股東，因此，投資美股是不需要很多錢就可以投資的，因此，不管是大資金或是小資族都是一樣可以投資的。

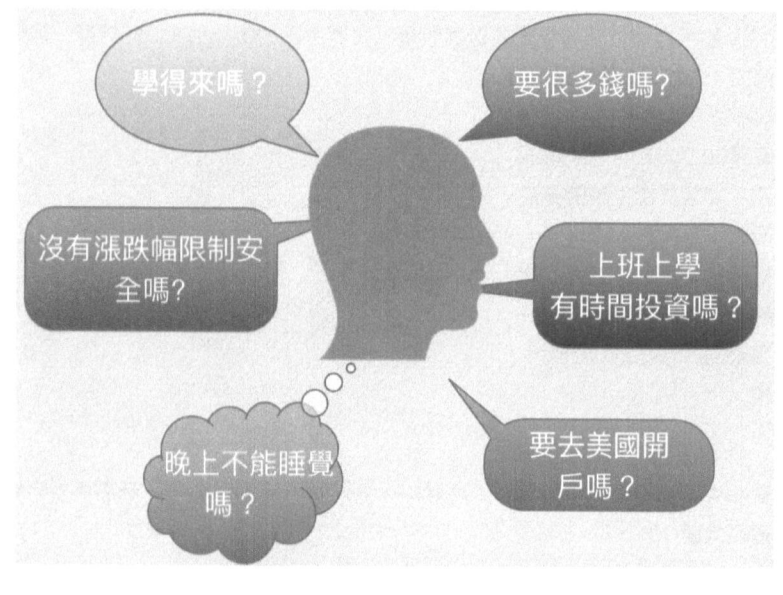

二、上班上學有時間投資嗎？投資美股鼓勵大家正常上班上學就可以投資，若要買賣股票也都可透過網路及手機或電腦即可下單投資，因此，不會佔用太多個人時間的，並且投資朋友愈早學會投資理財，愈早可以財務自由。

三、要去美國開戶嗎？現在網路發達，只要透過網路填寫表格，及透過網路電子郵件傳送申請，經過幾3-5個工作天的審核就可以完成開戶了！

四、晚上不能睡覺嗎？直接在美國券商開戶有了帳號之後，就可以透過網路方便下單，且下單的軟體可以24小時隨時打開看盤及24小時任意時間下單，隨時可下單交易，並且下單限價的有效時段可以是直到取消為主，所以一次下單可以維持數個月之久，即使要出國旅行也都沒問題喔。

五、沒有漲跌幅限制安全嗎?有些朋友覺得非常可怕，事實上，只要投資在巨型2000億市值以上的龍頭股，就不會是那麼可怕，反觀台股每天有漲跌幅限制，也未必可以打開漲跌停而順利買賣股票變現。

六、學得來嗎？有些投資朋友，可能會擔心學習不來，美股已經是全球投資趨勢，越來越多華人選擇做美股投資，而美國券商有很多家都很貼心，都有提供中文界面，及中文客服，事實上只要經過適當的學習即可上手。

認識美股

紐約證券交易所

小節 1
美國三大交易所

　　美國股市是一個全球規模最大、集合了國際知名品牌的投資市場,一向是全球投資人所矚目的焦點。

　　1.紐約證券交易所(NYSE)-美國歷史最悠久、最大且最有名氣的證券市場,至今已有二百多年的歷史,上市股票家數約四千多家,股價總值更達七兆美元以上,上市條件較為嚴格,沒有盈餘的公司難以進入紐約證券交易所上市。歷史悠久的財星五百大企業大多都在紐約證交所掛牌,像波克夏海瑟威公司(BRK/A)、威士公司(V)、嬌生公司(JNJ)、摩根大通集團(JPM)、艾克森美孚石油公司(XOM)、沃爾瑪公司(WMT)、美國商業銀行(BAC)、寶僑公司(PG)、華德迪士尼公司(DIS)、輝瑞大製藥(PFE)、家德寶公司(HD)...等等大公司都是在紐約證交所交易。

　　2.那斯達克證券市場(NSDQ)-那是現在世界上第二大的證券交易所。該市場允許市場期票和股票出票人透過電話或網際網路直接交易,而不用限制在交易大廳,而且交易的內容大多與新技術尤其是電腦方面相關,為世界第一個電子證券交易市場。一般來說,在那斯達克掛牌上市的公司以高科技公司為主,這些大公司包括,像微軟公司(MSFT)、亞馬遜網路書局(AMZN)、蘋果公司(AAPL)、字母控股公司(GOOGL)、臉書(FB)、思科系

統公司(CSCO)、英特爾公司(INTC)、康卡斯特公司(CMCSA)、網飛公司(NFLX)、Adobe公司(ADBE)、博通公司(AVGO)、德州儀器公司(TXN)、輝達(NVDA)...等等。由於科技股一直為熱門類股，因此目前在美國證券市場上，每天都有超過一半的成交量是在這裡完成交易的。

3.美國證券交易所(AMEX)-是美國第三大證券交易市場，次於紐約證券交易所和納斯達克場外證券交易市場。美國證券交易所原以中小盤股票交易為主，近年來在金融衍生工具和ETF的交易上有很大成就，地位日漸重要。

小節 2
美國三大指數

美國股市佔全球市值的44%左右,是全球最大的股市,美國GDP佔全球24%,股市為全球最大,市值佔全球三成的金融市場,上市公司數目多達7000多家,市值約20兆美元,美股指標當中,沒有一個指數涵括所有股票每日漲跌,所以不能只光看一個指數的漲跌,三個指數必須一起觀察!

美國三大指數

1.道瓊指數($DJI): 30檔成分股在美國都是舉足輕重的企業,反映總體經濟市場狀況,例如:蘋果公司(AAPL)、微軟公司(MSFT)、波音公司(BA)、威士公司(V)、摩根大通集團(JPM)、思科系統公司(CSCO)、華德迪士尼公司(DIS)、寶僑公司(PG)、輝瑞大藥廠(PFE)、英特爾公司(INTC)、默克藥廠股份有限公司(MRK)、聯合健康集團(UNH)、嬌生公司(JNJ)、耐吉公司(NKE)、艾克森美孚石油(XOM)、家德寶公司(HD)、聯合科技集團(UTX)、美國運通公司(AXP)、雪佛龍公司(CVX)、卡特彼勒公司

	標準普爾	道瓊	納斯達克
創立時間	1957	1896	1971
股票檔數	500	30	3000+
計算方法	市值加權	股價加權	市值加權
涵蓋產業	11個產業	9個產業	主要為科技產業
擇股標準	• 必須為美國公司 • 市值超過61億美元 • 近6個月交易量超過25萬股 • 近四季的盈餘為正	• 良好名聲 • 持續性成長 • 眾多投資人感興趣 • 在該產業具代表性 • 總部在美國 • 至少一半營收來自美國	• 在納斯達克交易所交易的所有股票

(CAT)、沃爾瑪公司(WMT)、威瑞森通訊公司(VZ)、麥當勞股份有限公司(MCD)、可口可樂公司(KO)、高盛証券公司(GS)、國際商業機器股份有限公司(IBM)、3M公司(MMM)、沃爾格林聯合博姿(WBA)、旅行者公司(TRV) 等等。

2.標普爾500指數:S&P 500衡量美國市值最高前500家公司股價,500家最具代表性的各產業龍頭,美國前500大上市股的總體衡量指標,例如:亞馬遜網路書局(AMZN)臉書(FB)、嬌生公司(JNJ)、 美國商業銀行(BAC)、萬事達用卡公司(MA)、美國電話電報公司(T)、

甲骨文公司(ORCL)、康卡斯特公司(CMCSA)、百事可樂公司(PEP)、網飛公司(NFLX)、花旗集團公司(C)、亞培大藥廠(ABT)、Adobe公司(ADBE)、PayPal公司(PYPL)、漢威聯合國際公司(HON)、聯合太平洋公司(UNP)...等等。

　　3.Nasdaq(科技及新創公司)：那斯達克指數對全世界「科技類股」具指標意義，指數上漲，各國科技股會連動上漲；指數下跌，科技股也會跟著跌，例如：台灣積體電路製造股份有限公司(TSM)、博通公司(AVGO)、德州儀器公司(TXN)、輝達公司(NVDA)、高通公司(QCOM)、艾思摩爾控股公司(ASML)、美光科技公司(MU)、亞德諾公司(ADI)、應用材料公司(AMAT)、超微半導體公司(AMD)、恩智浦半導體(NXPI)...等等。

小節 3
投資管道

　　前進美股，各行各業都想理財，您適合哪種管道？前陣子有一位老朋友，他是教師工作者，想為自己的退休打算。有趣的是，他聽到「美股」的第一個反應是：「台灣可以買美股喔！？」原來，很多朋友是這樣看待美股的！

　　台灣投資美股的管道五花八門，但其實就跟買外國貨一樣，可以分成「找代理商」和「直接去國外買」兩類。他們各有好壞，只看您的需求如何…

　　複委託：適合覺得「匯錢到海外怕怕的」朋友，就像有人喜歡多花錢買公司貨一樣，家附近就有實體口，總是讓人比較安心。這也是複委託的價值之一。如果您覺得「錢在海外讓人怕怕的」，那「複委託」就是您最好的選擇。畢竟錢在台灣境內，不管如何都有政府撐著。而海外券商在這方面總是讓人擔心一點。相對的，透過代理商買，當然比在國外直接買更貴。(請看RIMOWA在歐洲的價錢….)而「複委託」說穿了，就是美國股票的代理商，所以

	複委託	德美利証券(AMTD)	嘉信理財(SCHW)	盈透証券(IBKR)
開戶門檻	依各家金融不同	0元	25,000美元	10,000美元
網站界面	當然是中文	中文	港式中文	中文
成交速度	3-5分鐘	即時	即時	即時
客戶服務	金融機構服務	免付費24小時中文電話	免付費上班時間中文電話	自費中文電話
手續費	各家不同，多以%計算	6.95美元/次	4.95美元/次	每股0.005美元/股，每次最低收1美元
商品種類	僅限金管會核准的股票、債券、ETF	美股、債券、個股選擇權、期貨、共同基金	美股、債券、個股選擇權、共同基金	美股、債券、個股選擇權、港股、歐洲各國股市、共同基金

手續費常比海外券商貴，商品也不像海外券商那麼玲瑯滿目。(就像Nike在美國有各種新商品一樣)所以，如果您瞄準的股票台灣有賣、又擔心匯錢到海外的風險，那就使用複委託吧！花錢買安心也是很重要的。而因為台灣金融監管比美國更嚴格，所以各家複委託的服務都差不多，只差在手續費高低和專員的素質而已。因此這邊就不一一列舉啦～，請向您熟悉的金融機構洽詢。

而如果您對「錢放在海外」沒啥感覺，您就可以考慮海外券商了。這是一個豐富又多元的世界，各家券商各有特色沒有最好的海外券商，只有最適合您的海外券商。如果您是美股初學者，我建議您....適合美股初學者的券商：德美利證券！剛接觸美股和海外券商的朋友，都喜歡先匯一點錢試試水溫。再加上這時對美股還不熟，看到滿坑滿谷的英文可能會眼花撩亂。因此，例如：開戶門檻低(0元)、中文化非常全面的德美利證券(TD Ameritrade)，就非常適合美股初學者，其他美國券商有空的朋友也可以多多去了解比較，找到最適合自己的券商。

小節 4
美股規模分類

　　美股規模依照其市值大小分類為六大類:

1. 巨型股-市值2000億美元以上。
2. 大型股-市值介於100億美元-2000億之間。
3. 中型股-市值介於20億美元-100億美元之間。
4. 小型股-市值介於3億美元-20億美元之間。
5. 微型股-市值介於5000萬美元-3億美元之間。
6. 奈型股-市值小於5000萬美元以下。

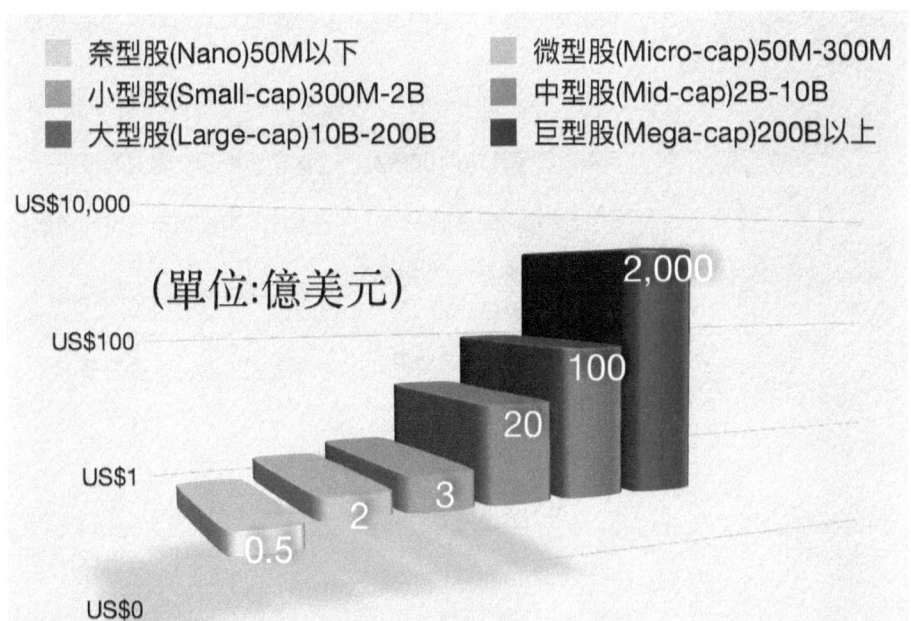

小節 5
美股九大休假日

美國有九大休假日，其詳細日期及意義分別如列表：

網站連結:http://www.cnyes.com/economy/indicator/GlobalRest/GlobalRest_Major.aspx?code=USEQ&id=8&lv=0

名稱	日期	意義
新年元旦	1月1日	新年第1天
馬丁路德金恩日	1月的第3個星期一	黑人人權運動領袖誕辰
華盛頓日	2月的第3個星期一	首任美國總統喬治.華盛頓誕辰
耶穌受難日	復活節的前一個星期五	紀念耶穌為眾人釘十字架而死
陣亡將士追悼日	5月的最後1個星期一	紀念在各場戰爭陣亡的戰士
獨立紀念日	7月4日(提早休市0100PM)	美國簽署獨立宣言的日子
勞動節	9月的第4個星期一	感謝工人對經濟及社會的貢獻
11/22感恩節	11月的第4個星期四(提早休市0100PM)	為感謝神賜予豐收的祝福
12/25聖誕節	12月的24日(提早休市0100PM)	感謝耶穌誕生的日子

小節 6
美股交易時間

　　美股的交易時間跟台灣不同，交易時間是美國時間的09:30-16:00，對應到台灣的時間則是要分冬令跟夏令時間。

　　夏令交易時間(3月中-11月中)：台北時間21:30-04:00，冬令交易時間(11月中-3月中)：台北時間22:30-05:00

　　會有這個差別原因在「日光節約時間」，每年日光節約期間，從3月的第二個星期日開始，一直到11月的第1個星期日。原因是夏天太陽起落都比較早，因此北半球高緯度的人會將時鐘往前調整1小時，過後再調回來，不過因為台灣緯度不高，所以沒有跟進這個調整，因此會有時間差。

夏令交易時間(3月中-11月中)

台北時間:21:30-04:00

冬令交易時間

台北時間:22:30-05:00(11月中-3月中)

*日光節約期間:從3月的第二個星期日開始，一直到11月的第1個星期日。

小節 7
超級財報週

　　美股重要的財報與資訊公布日期，超級財報周時間：每年的1月、4月、7月、10月的第3週，許多大公司都會傾向在這個時間點公佈財報(不是絕對)，因此市場波動會比較劇烈。

　　由於美股沒有漲跌幅10%的限制，而且內線交易比較少(罰很重)，因此當重要消息公布時漲跌幅度容易比較大，當然這不見得是壞事，一次跌完其實比分成好幾天跌來的更有效率。

日子	內容	日期	影響
超級財報週	美國企業集中在這週公布季報	1、4、7、10月第3個星期	這段期間股價容易有劇烈變動
四巫日	股票指數選擇權、股票指數期貨、個股選擇權、個股期貨，4大衍生性金融商品到期日	3、6、9、12月第3個星期五	股市波動會變大，行情容易反轉
持股公告日	13F發佈日期	2、5、8、11月14或15號	公告管理一億美元以上的機構投資經理人持股狀態
聯準會決議利率關鍵日	公佈最新利率政策	2018年3月20-21,6月12-13,9月25-26,12月18-19	利率的升降會影響股價

小節 8
配息與稅務

　　美股普遍而言現金殖利率約是在5%以下，許多企業不配息，主要原因是美國的稅比較重，因此企業與股東不喜歡配息(要被課稅)，取而代之的方式是會進行再投資、買進庫藏股，進而拉高股價與未來盈餘，達到類似配息的效果但更省稅。

　　美股對外國人的配息稅率是30%，這個稅金通常券商會幫你預扣，所以拿到時就已經是扣過稅的部分。由於前面提到的美國公司配息比率不高，因此30%稅其實看似很重但實際影響不大。這些配息對台灣人來說，台灣政府還要扣一次稅，不過由於台灣對海外收入的免稅額很高(100萬台幣)，另外有很高的扣抵稅額(670萬)，因此對大多數人來說，在台灣幾乎不會繳到稅。

　　美股股息是否可以申請退稅？建議大多數人不需要申請退稅，主因是流程麻煩，也有各種郵寄與手續費用，且不一定能退很多，因此對大部分的人來說報酬太少而成本相對高。唯一需要申請退稅的狀況，就是你資金規模非常大，這時候我會建議你諮詢你的會計師退稅問題。

　　遺產稅計算問題，投資美股時如果個人身故，家屬可以提出申請領回美股的資金，要留意的是家屬需在9個月內領回，以及要先繳交遺產稅才能領款(6萬美金免稅額以上課35%稅[累進稅率])，建議要讓身邊的家人也了解你的美股投資狀況，方便遇到意外時可以處理。

小節 9
認識ETF

ETF(exchange traded fund)稱為股票型指數基金,指數型基金一次買進一籃子的標的,優點和基金一樣可以分散風險、不容易暴漲暴跌。但ETF與基金不同的是,它不用像基金一樣需要跟銀行申購和贖回,而是可以直接在股票交易所買賣,因此買賣非常方便,手續費與管理費也比一般基金低很多。

如果是無法承受過大的波動,又想從投資中獲利的投資者,長期定期定額的投資股票ETF,是從股市中獲利的方法之一。

各地區股市ETF:全世界(ACWI)、歐澳遠東(EFA)、歐元區((EZU)、新興市場(EEM)、東南亞國協(ASEA)、美國(SPY)、中國(ASHR)、日本(EWJ)、德國(EWG)、英國(EWU)、俄羅斯(RSX)、巴西(EWZ)、印度(EPI)、非洲(AFK)、台灣(EWT) 。

重要產業ETF:科技(IXN) 、金融(IXG)、能源(IXC)、工業(EXI)、必需消費(KXI)、非必需消費(RXI)、原物料(MXI) 、通訊(IXP)、公用事業(JXI)、醫療(IXJ)、機器人與自動化(ROBO) 、網路公司(FDN)、雲端運算(SKYY)、歐洲金融(EUFN)、生物科技(IBB)、房地產(RWO)、半導體(SOXX)。

債市、商品ETF:高收益債(HYG) 、全球債券(BND)、美國公債(IEF)、抗通膨債(TIP)、新興市場美元債(EMB)、新興市場當地貨幣債(LEMB)、不動產投資信託(VNQ)、美元(UUP)、商品市場(DBC)、原油(USO)、天然氣(UNG)、黃金(GLD)、農產品(DBA)、白銀(SLV)、基本金屬(DBB)、稀土/戰略金屬(REMX)、Global X鋰電池(LIT)。

觀察的網站: MacroMicro ETF觀測站(https://www.macromicro.me/etf)

券商網站服務

小節 1
申請真實帳號

在台灣要投資美國股票,要找有中文介面、華語客服(中文)與線上24Hr客服(英文)及手續費便宜,開戶本身不需要任何費用的海外券商,線上就可以完成全部手續。

開戶之前需要先準備「護照」、英文戶藉謄本、帳戶申請表、W-8BEN免稅表格

1.會需要上傳護照圖檔,包含照片頁以及簽名頁,你的英文姓名跟護照一樣。

2.英文戶藉謄本,等2-3天,審核通過,下一步是匯入資金。

3.線上帳戶申請-線上填寫申請帳號的詳細表格,印出並簽名完成。

4.W-8BEN免稅表格-這是對於非美國公民的免稅表格申請,有填此表格,可以免資本利得的稅金。

以下是以TD

Ameritrade德美利証券為例的申請流程說明,可提供申請帳號參考:https://docs.google.com/presentation/d/1AB0Dx4Uh87hEngRNOW9qkkmXnPjDh7yhYPmQXQf5dbc/edit?usp=sharing

職業代碼 (OCCUPATION CODES)

Code	Occupation	Code	Occupation	Code	Occupation
A42	Accountant/Auditor/Bookkeeper 會計/審計員/記帳員	C52	Civil Servant 公務員	M91	Mechanic 機械師
A62	Adjuster 理賠員	C62	Clergy 神職人員	M22	Military, Officer or Associated 軍界/軍官或相關人員
A82	Advertiser/Marketer/PR Professional 廣告/營銷/公關人員	C72	Clerk 職員	M32	Mortician/Funeral Director 殯儀業者/殯儀館長
A33	Air Traffic Controller 空中交通管制員	C82	Compliance/Regulatory Professional 法regulatory/法規專人	N21	Nurse 護士
A43	Ambassador/Consulate Professional 大使/領事館專員	C92	Consultant 顧問	O11	Office Associate 辦公室助理
A53	Analyst 分析師	C43	Counselor/Therapist 輔導員/治療師	O21	Other; If Other, include a description in the Occupation box. 其他;如果選其他,則在職業框中填寫說明。
A63	Appraiser 評估師	C53	Customer Service Representative 客服代表	P81	Pharmacist 藥劑師
A73	Architect/Designer 建築師/設計師	D11	Dealer 銷售商	P91	Physical Therapist 物理治療師
A83	Artist/Performer/Actor/Dancer 藝術家/表演家/演員/舞蹈家	D61	Dentist 牙醫	P22	Pilot 飛行員
A93	Assistant/Executive Assistant 助理/行政助理	D31	Distributor 經銷商	P32	Police Officer/Firefighter/ Law Enforcement Professional 警務人員/消防員/執法人員
A44	Athlete 運動員	D41	Doctor/Surgeon/Physician 醫生/外科醫生/醫師	P42	Politician 政客
A64	Attorney/Judge/Legal Professional 律師/法官/法務人員	D51	Driver 司機	P52	Project Manager 項目經理
A74	Auctioneer 拍賣員	E51	Engineer 工程師	R81	Real Estate Professional 房地產專員
L51	Banker/Lending Professional 銀行家/貸款專員	E71	Exterminator 滅蟲員	R71	Researcher 研究員
B21	Barber/Beautician/Hairstylist 理髮師/美容師/髮型師	F71	Factory/Warehouse Worker 工廠/倉庫工人	S41	Salesperson 銷售員
B31	Broker/Registered Rep 經紀人/持牌服務代表	F81	Farmer/Rancher 農夫/牧場主	S51	Scientist 科學家
B41	Business Executive (VP, Director, etc.) 企業高管(副總裁/總監等)	F91	Financial Planner/Advisor 財務規劃師/理財顧問	S61	Seamstress/Tailor 裁縫
B51	Business Owner 企業家	F22	Flight Attendant 飛機乘務員	S71	Security Guard 保安員
C81	Caregiver 護工	F32	Human Resources Professional 人力資源專員	S81	Social Worker 社工
C91	Carpenter/Construction Worker/ Contractor 木匠/建築工人/承包商	I41	Importer/Exporter 進口商/出口商	T41	Teacher/Professor 教師/教授
C22	Cashier 收銀員	I51	Inspector/Investigator 督察/調查員	T51	Technician 技術員
C32	Chef/Cook 廚師/廚子	I81	Investor 投資者	T61	Teller 出納員
C42	Chiropractor 脊椎治療師	I91	IT Professional/IT Associate 信息技術專業人員/IT人士	T71	Tradesperson/Craftsperson 交易員/工匠
		J31	Janitor 看門人	T81	Trainer/Instructor 教練/講師
		J41	Jeweler 珠寶商	U21	Underwriter 承銷商
		L31	Laborer 勞工	V11	Veterinarian 獸醫
		L41	Landscape 園藝師	W21	Writer/Journalist/Editor 作者/記者/編輯

行業代碼 (INDUSTRY OF OCCUPATION CODES)

Code	Industry	Code	Industry	Code	Industry
A11	Accounting 會計	E41	Engineering 工程	N11	Non-Profit/NGO (Non-Government Agency)/Charity 非盈利/非政府機構(NGO)/慈善
A21	Advertising/Marketing 廣告/營銷	F11	Fashion/Clothing 時尚/服裝	O31	Other; If Other, include a description in the Industry of Occupation box 其他;如果選其他,則在職業框中填寫說明
A31	Aerospace/Defense 航空航天/國防	F21	Financial Services 金融服務	P11	Parking and Car Washes 停車場和洗車
A41	Agriculture/Forestry 農業/林業	F51	Firearms and Explosives 武器和炸藥	P21	Pawn Shops/Brokers 典當行/經紀
A51	Amusement and Recreation 娛樂休閒	G11	Gaming/Casino/Card Club 博彩/賭場/紙牌俱樂部	P31	Personal Care/Hygiene (Beauty, Salon, Cosmetics, Massage, etc.) 個人護理/衛生(美容/美髮/化妝品/按摩等)
A61	Animal Services and Veterinary 動物服務和獸醫	G21	Government/Public Administration 政府/公共事業管理	P41	Pharmaceuticals 製藥業
A71	Architecture/Design 建築/設計	G31	Grocery/Supermarket 雜貨店/超市	P51	Printing/Publishing 印刷/出版
A81	Arts/Antiques 藝術/古董	H11	Healthcare/Medical Services 醫療保健/醫療服務	P71	Professional/Civic Organizations (Non-Retail) 專業人員/民間組織(非零售)
A91	Athletics/Fitness 運動員/健身	H21	Hotel/Hospitality 旅店/酒店業	R11	Real Estate 房地產
A32	Automotive 汽車	I11	Import/Export 進口/出口	R21	Religious Organization 宗教組織
B11	Aviation 航空	I21	Information Technology (IT) 信息技術(IT)	R31	Repair Services - Home, Auto, and Other 維修服務-居家/汽車和其它
C11	Bar/Nightclub/Adult Entertainment Club 酒吧/夜總會/成人俱樂部	I31	Insurance 保險	R41	Restaurant/Food Service 餐廳/食品服務
C21	Childcare 托兒所	J11	Jewelry, Gems, and Precious Metals 珠寶/寶石和貴金屬	R51	Retail Sales/Retail Trade 零售/零售行業
C31	Cleaning/Janitorial/Housekeeping 清潔/保潔/家管	L11	Legal Services/Public Safety 法律/公共安全	S11	Science and Biotechnology 科學與生物技術
C41	Communications/Telecommunications 通信/電信	L21	Logistics/Supply Chain 物流/供應鏈	S21	Security 保安
C51	Construction/Carpentry/Landscaping 建築/木工/綠化	M11	Manufacturing 製造業	T11	Transportation 運輸
C61	Convenience Store/Liquor Store/ Gas Station 便利店/酒品店/加油站	M21	Maritime 海運	T31	Travel 旅遊
C71	Customer Service and Support 客戶服務和支援	M31	Media/Entertainment 媒體/娛樂	U11	Utilities (Public) 公用事業(公共)
E11	Education 教育	M41	Mining, Oil, and Gas 礦業/石油和天然氣	W11	Wholesale Sales/Trade 批發銷售/貿易
E21	Embassy/Consulate 大使館/領事館	M51	Money Services Businesses (Check Cashing, Money Transmitting, Payday Loans, Currency Exchange) 錢幣服務業(支票兌現/現金轉移/薪金貸款/貨幣兌換)		
E31	Energy 能源				

編號No : ▇▇008005▇▇2409▇▇   列印日期/時間 : 1▇/08/24 09:08:56

戶籍謄本 HOUSEHOLD REGISTRATION TRANSCRIPT

戶號 Household number : A▇▇1248   種類 Type : 部分PARTIAL
戶別 Household name : Common living household
地址 Address : ▇. No▇, Lane ▇, Sec 1. ▇▇ Rd. Neighborhood 9. ▇▇▇ Village ▇▇▇ District, Taipei City
戶長變更及全戶動態記事 Alterations of details concerning head of household and notes concerning movement of household :
Blank

稱 謂	Appellation	: Father
中文姓名	Name in Chinese	: ▇▇▇
英文姓名	Name in English	: ▇▇▇
統一編號	ID card number	: ▇▇26▇▇▇
配 偶	Name of spouse	:
出生地	Place of birth	: TAIWAN
出生日期	Date of birth	: ▇▇ 01, 19▇
父	Name of father	: ▇▇
母	Name of mother	: ▇▇
出生別	Order of child	: ▇nd son
役 別	Military service	: ▇▇▇
記 事	Notes	:
	Remarks omitted	

(本謄本機器列印戶籍登記資料如真) This certificate is a true and correct excerpt copy of the entries in the Household register.
本資料疑義洽戶籍地管轄戶政事務所，並應遵循個人資料保護法之規範(以下空白)

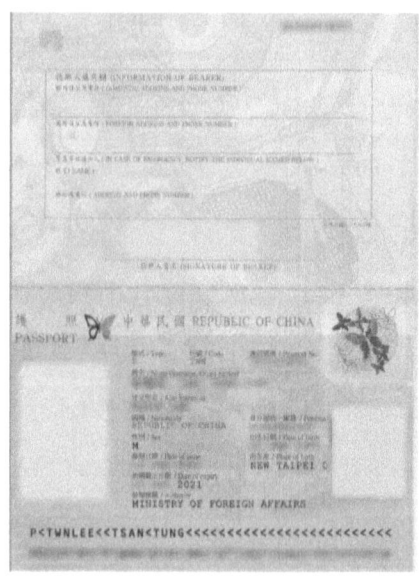

Return This Form - *****7494 - TD Ameritrade

TDA Form # KTP OLA 186

Return This Form
交回這個表格

Please follow the steps below:
請遵循下列步驟：

Review the information listed on this form.
查核在表格中列出的信息。

Make any necessary changes.
做出必要修改。

Sign the form.
簽署表格。

Mail or fax this form to TD Ameritrade. (See last page for contact information.)
將表格郵寄或傳真至TD Ameritrade。（聯繫信息請查閱最後一頁。）

Include any additional paperwork.
包含任何額外文件。

Account information
賬戶信息

Account type — Individual
賬戶類型

Account number
賬戶號碼

Offer code — 220
優惠碼

I will primarily use this account to — Actively trade stocks, ETFs, options, futures, or forex.
我使用此賬戶的主要目的是

New to investing — N/A
投資新手

Contact information
聯繫資料

Full name
全名

Email you use regularly
您經常使用的電子郵件地址

Best daytime phone number
最方便的白天電話

Citizenship status
國籍狀況

https://invest.tdameritrade.com/grid/m/_ola/printApplication

Return This Form - *****7494 - TD Ameritrade

Citizenship status 國籍狀況	Neither a U.S. citizen nor a permanent resident of the U.S.
Country of citizenship 國籍國家	TAIWAN
Country of birth 出生國家	TAIWAN
Type of visa 簽證種類	None

Personal information
個人資料

Home address 家庭地址	
Date of birth 生日	
Social Security Number/Tax ID 社會安全號碼/稅號	
Foreign Tax ID (if applicable) 外國稅號（若適用）	
Marital status 婚姻狀況	Married
Mother's maiden name 母親的婚前姓氏	
Dependents 扶養家屬	2

Financial information
財務信息

Employment status 就業狀況	
Approximate annual income 大概年收入	$0 - $24,999
Approximate net worth 大概淨資產	$50,000 - $99,999
Approximate liquid net worth 大概流動淨資產	$15,000 - $49,999

Personal affiliations
個人附屬關係

Are you, or is your spouse, or is any member of your immediate family licensed by, employed by, or associated with a broker-dealer firm, a financial services regulator, a securities exchange, or a member of a securities exchange? 您、您的配偶、或您的任一直系親屬是否持照於、受雇於或關聯於一家證券公司、一所金融服務監管機構、一家證券交易所或是一	No

https://invest.tdameritrade.com/grid/m/_ola/printApplication

家證券交易所的成員？

Are you, or is your spouse, or is any member of your immediate family a member of the board of directors, a 10% shareholder, or a policy-making officer of a publicly traded company?
您、您的配偶或您的任一直系親屬是否一家上市交易公司的董事會成員、持有10%股份的股東或決策執行官？

No

Additional information
額外信息

What is the source of funds for your initial deposit?
您首筆存款的資金來源是？

Retirement funds

What is the source of funds for ongoing deposits?
您持續存款的資金來源是？

Retirement funds

Cash sweep vehicle
現金轉存計劃賬戶

Your choice for your uninvested cash
您對尚未投資現金的選擇

TD Ameritrade FDIC-Insured Deposit Account

Client agreement
客戶協議

I have received and read the "Client Agreement" which is incorporated by this reference, that will govern my account. I agree to be bound by this Client Agreement, as amended from time to time, and request an account to be opened in the name(s) set forth below.
我已收到並閱讀了本參考文件所包含的"客戶協議"，我的賬戶將受它們規範管理。我同意受客戶協議約束，以及隨時間推移的修訂版本，並要求以下方顯示的姓名開設賬戶。

I represent to you that:
我表示：

    I am the person identified in this account.
    我是此賬戶標明的人。

    I am accepting and agreeing to abide by all of the Client Agreement.
    我接受並同意遵守客戶協議的全部。

The Client Agreement applicable to this brokerage account contains a predispute arbitration clause. By signing this agreement, the parties agree to be bound by the terms of the Client Agreement, including the arbitration agreement located in Section 12 of the Client Agreement on pages 7 and 8.
適用於這個經紀賬戶的客戶協議包含糾紛前仲裁條款。經由簽署此協議，各方同意受客戶協議的條款制約，包括糾紛仲裁條款，其在客戶協議第16頁的第12章節。

_____   _____
TSAN-TUNG LEE   Date
                                                                                                                  日期

Account number
賬戶號碼：490547494

Return This Form - *****7494 - TD Ameritrade

For Introducing Broker use only

R.R. - Gen. Prin.

Date
日期

For TD Ameritrade Clearing, Inc. use only

New Accounts Opened By(Initial & date):

Mail or fax all the required paperwork to:
郵寄或傳真所有必須文件至：

Fax:
傳真： 1-866-468-6268

Regular mail:
普通郵件：
TD Ameritrade, Inc.
PO Box 2760
Omaha, NE 68103-2760

Overnight mail:
隔夜快遞：
TD Ameritrade, Inc.
200 South 108th Ave.
Omaha, NE 68154-2631

Questions?
有疑問？
Call us at
電話聯繫我們 800-454-9272.

For additional information on how to fund your account, visit
要獲取更多有關如何為您賬戶注資的信息，
請訪問
www.tdameritrade.com/zh_TW/funding-and-transfers.page

https://invest.tdameritrade.com/grid/m/__ola/printApplication

頁面 4/4

Form W-8BEN
(Rev. July 2017)
Department of the Treasury
Internal Revenue Service

Certificate of Foreign Status of Beneficial Owner for United States Tax Withholding and Reporting (Individuals)

▶ For use by individuals. Entities must use Form W-8BEN-E.
▶ Go to www.irs.gov/FormW8BEN for instructions and the latest information.
▶ Give this form to the withholding agent or payer. Do not send to the IRS.

OMB No. 1545-1621

Do NOT use this form if: | **Instead, use Form:**
- You are NOT an individual W-8BEN-E
- You are a U.S. citizen or other U.S. person, including a resident alien individual W-9
- You are a beneficial owner claiming that income is effectively connected with the conduct of trade or business within the U.S. (other than personal services) W-8ECI
- You are a beneficial owner who is receiving compensation for personal services performed in the United States . . . . 8233 or W-4
- You are a person acting as an intermediary W-8IMY

Note: If you are resident in a FATCA partner jurisdiction (i.e., a Model 1 IGA jurisdiction with reciprocity), certain tax account information may be provided to your jurisdiction of residence.

Part I Identification of Beneficial Owner (see instructions)

1 Name of individual who is the beneficial owner | 2 Country of citizenship
TAIWAN

3 Permanent residence address (street, apt. or suite no., or rural route). Do not use a P.O. box or in-care-of address.
., No , Ln , Sec. 1, ... Rd., Dist..

City or town, state or province. Include postal code where appropriate. | Country
TAIWAN (R.O.C.)

4 Mailing address (if different from above)

City or town, state or province. Include postal code where appropriate. | Country

5 U.S. taxpayer identification number (SSN or ITIN), if required (see instructions) | 6 Foreign tax identifying number (see instructions)

7 Reference number(s) (see instructions) | 8 Date of birth (MM-DD-YYYY) (see instructions)
| 01-01-1961

Part II Claim of Tax Treaty Benefits (for chapter 3 purposes only) (see instructions)

9 I certify that the beneficial owner is a resident of TAIWAN within the meaning of the income tax treaty between the United States and that country.

10 **Special rates and conditions** (if applicable—see instructions): The beneficial owner is claiming the provisions of Article and paragraph _____ of the treaty identified on line 9 above to claim a ____ % rate of withholding on (specify type of income): _____.
Explain the additional conditions in the Article and paragraph the beneficial owner meets to be eligible for the rate of withholding: _____

Part III Certification

Under penalties of perjury, I declare that I have examined the information on this form and to the best of my knowledge and belief it is true, correct, and complete. I further certify under penalties of perjury that:

- I am the individual that is the beneficial owner (or am authorized to sign for the individual that is the beneficial owner) of all the income to which this form relates or am using this form to document myself for chapter 4 purposes,
- The person named on line 1 of this form is not a U.S. person,
- The income to which this form relates is:
  (a) not effectively connected with the conduct of a trade or business in the United States,
  (b) effectively connected but is not subject to tax under an applicable income tax treaty, or
  (c) the partner's share of a partnership's effectively connected income,
- The person named on line 1 of this form is a resident of the treaty country listed on line 9 of the form (if any) within the meaning of the income tax treaty between the United States and that country, and
- For broker transactions or barter exchanges, the beneficial owner is an exempt foreign person as defined in the instructions.

Furthermore, I authorize this form to be provided to any withholding agent that has control, receipt, or custody of the income of which I am the beneficial owner or any withholding agent that can disburse or make payments of the income of which I am the beneficial owner. I agree that I will submit a new form within 30 days if any certification made on this form becomes incorrect.

Sign Here ▶ _____ 09/11/20
Signature of beneficial owner (or individual authorized to sign for beneficial owner) | Date (MM-DD-YYYY)

_____ SELF
Print name of signer | Capacity in which acting (if form is not signed by beneficial owner)

For Paperwork Reduction Act Notice, see separate instructions.   Cat. No. 25047Z   Form **W-8BEN** (Rev. 7-2017)

小節 2
申請模擬帳戶

由於申請開通 TD Ameritrade 的真實帳戶需要花費較長的時間,所以在真倉下來之前,可以先申請 TD Ameritrade 的模擬帳戶,試用期為2個月,待開通真實帳戶之後TD會給了一組真倉帳戶+模擬帳戶(同組帳號名稱及密碼,切換不同入口)即可永久使用真倉及模擬倉,以便可以實際操作練習。

1.首先,先開啟 TD Ameritrade 這個網站

2.選工具及平台,接著請按以下連結進行申請:

連結申請模擬帳戶流程如下:https://docs.google.com/presentation/d/1r24yZVCRylASO27PeMBLiNwYAARrdKwjG14x7AQPkKg/edit?usp=sharing

小節 3
下載手機APP看盤軟体

德美利證券Mobile 移動應用為iPad®、iPhone®、Apple WatchTM、Android 智能手機與平板電腦,以及Windows®設備,可以至App Store 或 Play商店 中下載App。

如果是Android手機,請直接按或是搜尋「 Trader」,如果在play商店當中搜尋不到,表示手機或是平板的版本太舊了了,軟體不支援喔。

如果是iOS手手機,請直接按或是搜尋「Trader」這樣可以找到手機版的TD Ameritrade Mobile Trader 了!如下圖示。

小節 4
登入帳戶

如果您開設賬戶被核准了，您的賬戶號碼包含在郵寄給您的歡迎信函中，那麼請使用您的賬戶號碼和PIN碼進行首次登入。第一次登入TD網站會被要求您設立新的帳號及密碼，並且開通及時資訊，登入TD網站連結如下：https://invest.ameritrade.com/grid/p/login?dboxId=grdLogout&logout=L

小節 5
忘記(重設)帳號密碼

如果忘記您的用戶名?忘記您的密碼?連結網站:https://www.tdameritrade.com/zh_TW/logon-help.page 或如果您需要協助請聯繫 TD客服中心

英文服務專線

美國境內: 800-669-3900

國際: 402-970-5805

華語服務專線

美國境內: 877-888-1238

中國: 400-882-2767

台灣: 0800-666-756

小節 6
申請選擇權

帳號申請下來之後，檢查選擇權的權限，一般選擇權的權限是需要提出申請。申請的步驟如下：

1.我的資料->2.一般資料->3.選擇權申請 Option trading->Apply->Tier1 -Covered 或Tier 2 -Standard Cash都可以，Tier 1與 Tier 2的差別在於Tier 2可以做直接作buy call及buy put的動作，選擇權的權限有了之後就可以有權利做選擇權了。

小節 7
申請股息再投資

　　長期投資者最該做的事是股息再投資，意思是說將領到的股息不要變成現金，直接股息發出當日會以市價買進小股票，有的可以到小數點，每當您的持股發放股息，系統會自動用股息金額買進該股票，增加您的持股。如假設XYZ股票每股$10，而您收到了$25的股息，系統會自動幫您買進2.5股的XYZ。DRIP投資讓您輕鬆的增加持股，完全不需要去顧慮下單或佣金。

　　只要加入證券公司的免費股息再投資計劃(DRIP)，每次您的持股收到股息時，可以輕鬆的再度投資享受復利！您可以選擇一種股票進行股息再投資，或將您所持有的全部證券加入此計劃。股息再投資不需要去煩惱下單、佣金、甚至交易的股數都不需要是整數。

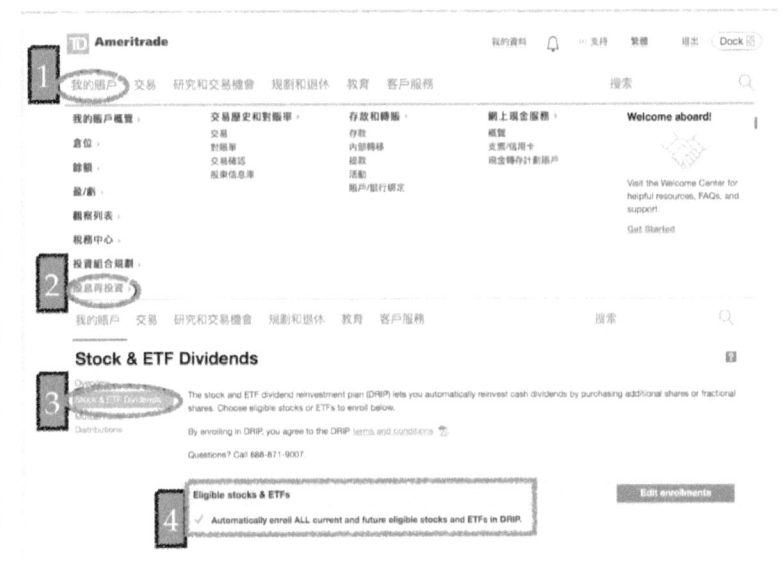

　　賣出您的小數持股，您可以透過網路輕鬆的賣出累積的小數持股。您只要將整數股數全部賣出，系統會於交割日自動幫您賣出未湊滿一股的股數。

　　設定步驟：1.我的帳號->2.股息再投資->3.Stock & ETF Dividends-> 4.Automatically enroll ALL current and future eligible stocks and ETFs in DRIP(打勾即可)

小節 8
存款

您必須向您的金融機構要求電匯轉賬至您的德美利證券賬戶。銀行必須註明匯款人姓名及帳戶號碼，轉賬才能計入您的賬戶中。被拒絕的電匯可能會產生銀行費用。所有來自第三方的電匯都會受審核，可能會被退回。

銀行/券商共同賬戶可以由該共同賬戶持有人中的雙方或任何一方電匯存款至德美利證券賬戶中。來自銀行/券商個人賬戶的電匯轉賬可以存入其作為持有人之一的德美利證券共同賬戶中。

涉及美國境外銀行的電匯轉賬需要有一個美國銀行作為中介。必須註明中介銀行的名稱、地址和SWIFT CODE(銀行代碼)。印出存款指示單流程如下步驟：

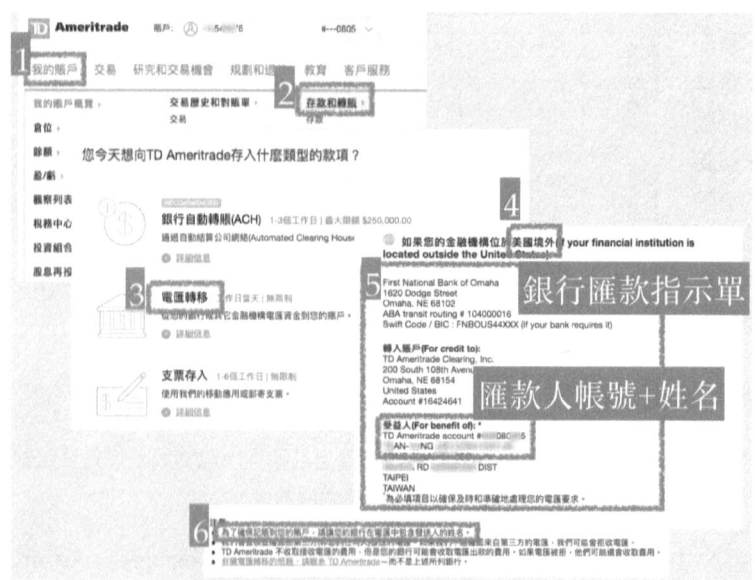

小節 9
提款

電匯轉出-交易日期:在工作日的美東下午三點之前提交的電匯出款要求會在當天處理。之後提交的匯款要求會在下個工作日處理。

費用:多數電匯轉移收取$25美元費用。如果您的賬戶沒有足夠資金支付此費用,TD會拒絕這筆轉移。

提款的流程如以下圖示:

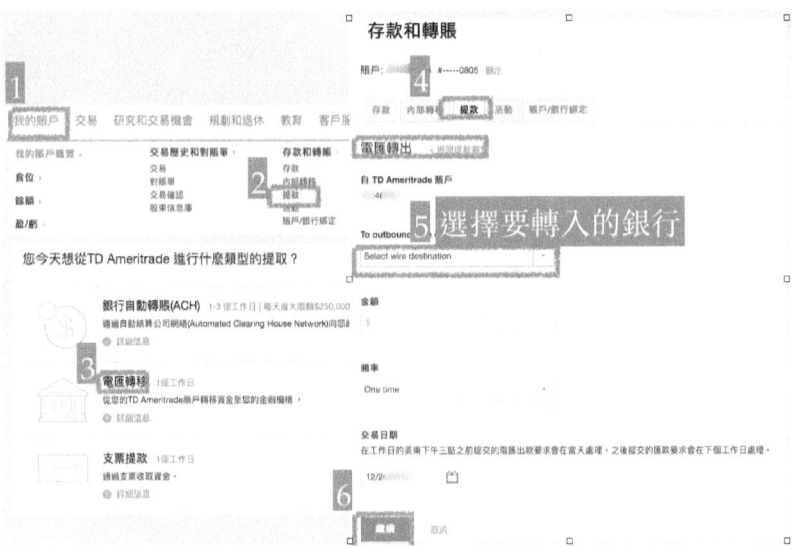

小節 10
要求調降手續費

在TD買美股,一般都有新戶優惠活動,對於新開戶的投資人有一個新戶優惠:

1.注資美元$3000以上,60天免佣金交易。

2.注資美元$25000-99999,60天免佣金交易+贈送美元$100。

3.注資美元$100000-249000,60天免佣金交易+贈送美元$300。

4.注資美元$250000以上,60天免佣金交易+贈送美元$600。

一般優惠期間60天之後,是免佣金交易,60天之後,交易會開始收手續費,一般是每筆交易6.95美元,這時候我們可以跟TD要求降低收續費,TD會根據您操作的商品屬性,給您最有利的優惠方案,例如我有一個朋友投資美股,時常買賣美股及美股選擇權,所以券商就給他優惠股票4.95美元及選擇權1美元的優惠。

小節 11
寫信要求模擬倉及時資訊

當真實帳戶申請下來之後，券商會給您一組帳號及密碼，並且同時您可以隨時選擇登入真實帳戶交易或模擬帳戶練習，你可以到網站的訊息中心寫信要求及時資訊，如此，在練習模擬交易時不會有20分鐘的資訊落差。

1. 到信息中心 Message Center 寫信

2. 寄信：Dear Ameritrade,

Hi, I have a live trading account with same user ID. Can I have realtime data in this paper money account ? Thank you.

Best Regards,

3. 回信：I have turned on streaming quotes for your PaperMoney account under this UserID.

小節 12
免費中文諮詢

在您遇到問題有需要幫忙的時候，可以使用中文客服諮詢，中文服務時間為美東時間 9:00-17:00，德美利證券經驗豐富的執照代表會為您答疑解難。例如:台灣有一支免付費國際電話很好用是0800-666-756，請投資朋友善加利用哦!

電話	短訊	電郵	傳真	分行
新賬戶				800-454-9272
現有客戶				800-669-3900
退休顧問				800-213-4583
En Español				888-376-4684
華語服務專線				877-888-1238 (美國境內)
				400-882-2767 (中國)
				0800-666-756 (台灣)
美國境外英文服務專線				800-368-3668
從非 AT&T 國際免費撥打列表 的國家致電				402-970-5805
聽力障礙者TTY服務專線				888-723-8503

認識複利

小節 1
複利和單利的差異

不懂複利,就無法財富自由!複利可能是投資理財中,最重要的觀念,您真的搞懂了嗎?何謂複利呢?複利是一種計算利息的方式,這也就是說利息會併入本金中重覆計息,利息可以再生息(利滾利)方式,被稱為複利計息,每期的時間愈短,複利的效果就愈大。

10年賺得20%獲利和20年賺得40%是相同的嗎?都是2%嗎?以單利來算,兩者是相同的,但以複利方式算得的年化報酬率卻大不同。單利只用到簡單的加減乘除,但複利的增值就是以指數增長而非線性。

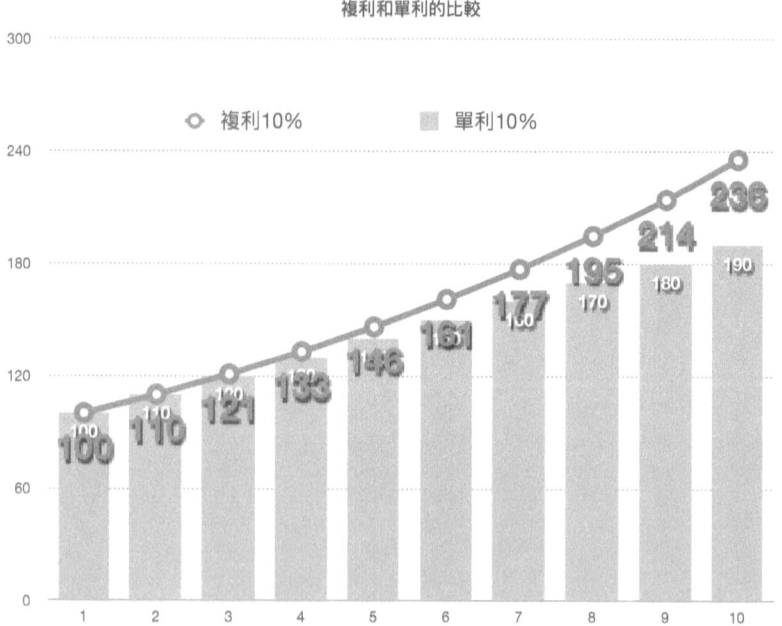

小節 2
巴菲特雪球理論

巴菲特說:人生就像滾雪球,,重要的是找到濕的雪和一道長長的山坡。

　　1.雪球(資金)-每一個想成為投資者想用自己的錢幫自己賺更多的錢,第一步就是要去累積第一桶金,第一桶金就要靠自己工作的收入加上儲蓄才能產生出第一顆雪球出來。

　　2.長山坡(時間)-滾雪球的第二個因素是長長的山坡,滾雪球需要時間的斜坡去滾大,因此,雪球滾的時間愈久愈可以滾出更大的體積,意謂著愈早投資愈有時間可以去滾大雪球。

　　3.濕的雪(報酬率)-在乾的雪地滾不出大雪球,地面一定是要濕潤的才能滾壓出大雪球,這意謂者投資要有正向報酬率才能滾大,報酬率愈高效果愈好。

投資美股就像滾雪球...,方向愈正確,愈滾愈大!

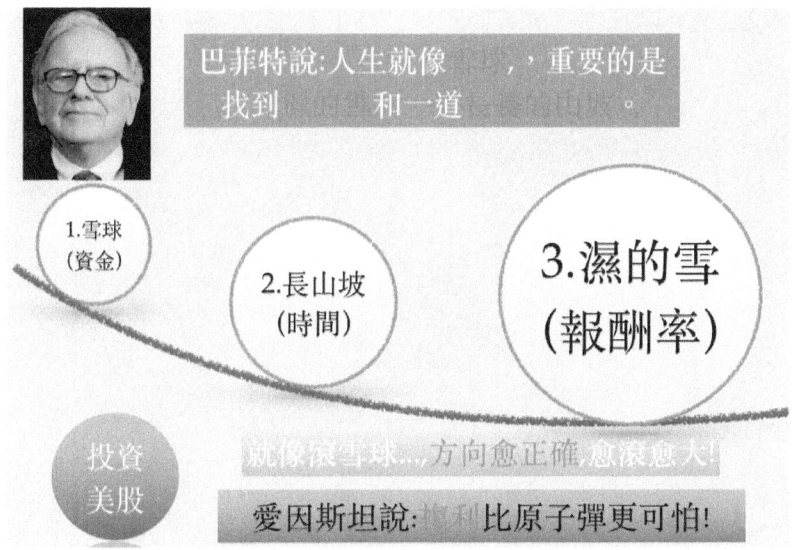

小節 3

滾雪球效應(時間)

舉例說明:有二個朋友,A君:先開始,第一年投入50萬,第2-11年起每一年投入10萬,第12-21不再投入資金,第22年結果複利滾存到3069萬;

B君:晚10年開始,從第12年投入50萬, 第2-11年起每一年投入10萬 結果第11年,總共滾存到497萬。

以上二位朋友投入資金相同,開始慢了10年,獲利相差6倍,因此,我們可以看出時間因素是非常重要的影響因素。

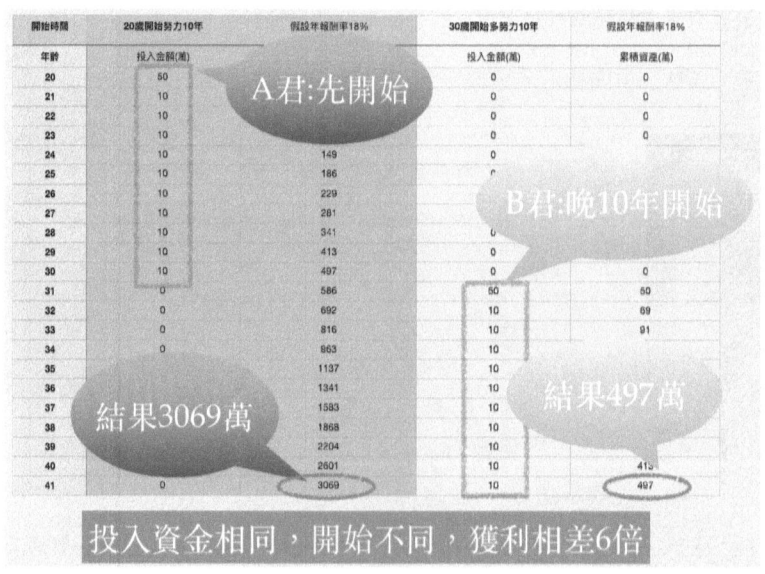

小節 4
老王、老李故事(高報酬率)

老王和老李是鄰居,二人提早退休,都有十萬美金的退休金,二人都關心投資的安全。老王認為本金不能虧損,所以買了30年美國政府公債,每年領有利息8000美元,收到利息時,老王以5000多美元買了夢想多年的休旅車子,兩夫婦舒適遊山玩水,徜徉山水之間。

老李認為購買力不能縮水,所以買了標普500指數型ETF,每年領股利3000美元,只能買一般小車,這決定讓老李給太太嘮叨了10-20年,老李很有耐心的對太太說,物價上漲會侵蝕購買力,投資會隨著經濟成長,如大公司的指數ETF,是有效的保值方法之一。

三十年過去了,二家的車子也壞了,老王收到利息馬上想要去換一部開了習慣的休旅車子,結果老王夫婦敗興的開了小車回來,因為8000元只能買這小車,老王無法理解的是世界怎麼變得這麼快,三十年前的十萬美元是多麼值錢啊!現在的10萬美元,老兩口哪能過幾個寒冬?

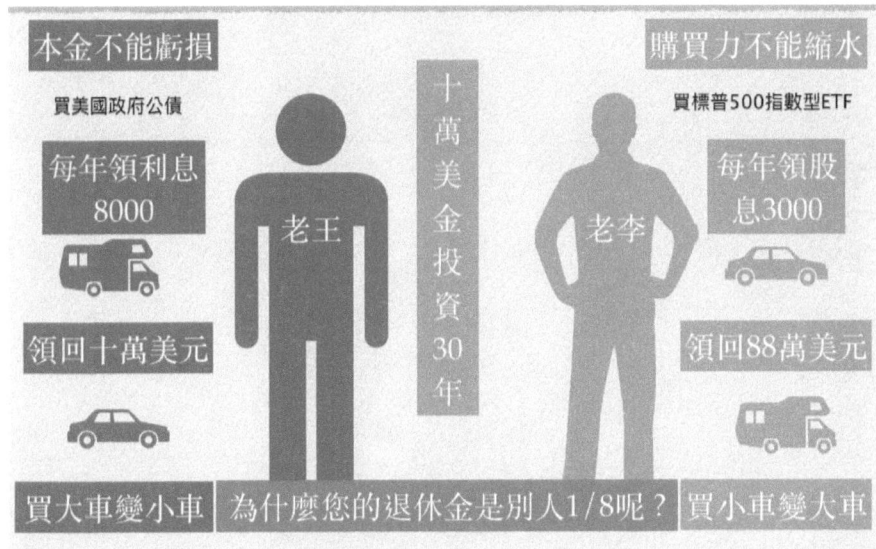

老李當年領到的股利有二萬一千多美元,只貼了2000美元,就買下二萬三千多美元的休旅車,李

太太心情愉快的翻了帳冊,這30年領到的股利,只比老王領到的總利息少5000美元,但本金價值88萬美金,比老王所能得到的本金十萬美元,差距何止一半啊!

老王理財的錯誤有:1."安全"的投資,並不意謂投資的結果一定有保障。2.老王錯把利息的保證,當作安全的投資,而忽略固定收入型的投資,如定存只有利息的收入,本金卻沒有成長,難以擊敗通貨膨漲,在錢變薄的情況下,是無法處理購買力變低的風險。

有長期可投資的人,應適當把有代表性的指數ETF,列入組合,風險承受度低的人,也不必太過擔心,透過資產配置,同時擁有防禦性及成長性資產,在合理的期間內,可解決投資者關心的波動、本金不易虧損,和購買不被侵蝕的三個問題。

小節 5
本金10萬7年增加1倍

　　大科學愛因斯坦說:世界上最強大的力量不是原子彈,是:「複利+時間」複利是人類已知的世界第八大奇蹟...

　　以每年賺10%的策略,7年可達1倍回報率,以此報酬率計的本金10萬,7年就可創造出10萬的本利。如下圖示,以下試算表每個人可在黃色區域輸入投入本金,可以幫您算出達到您要的財富要多少年。

複利的計算請按連結:https://docs.google.com/spreadsheets/d/
1p3tVlCVIjdBqcx9HBUXbBrR8GHLBitOHkzcfW29xMNY/edit?usp=sharing

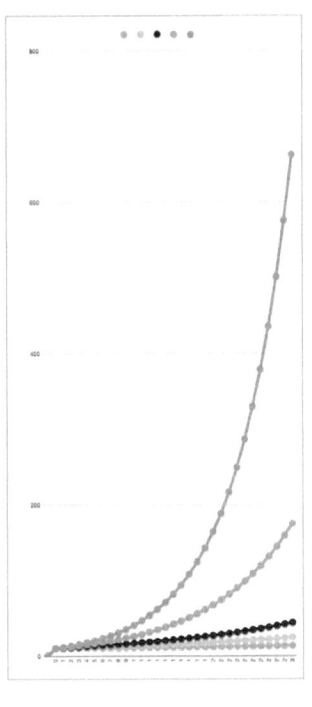

複利的計算(單位:萬元)

投資年數	1%	3%	5%	10%	15%
0	10	10	10	10	10
1	10	10	11	11	12
2	10	11	11	12	13
3	10	11	12	13	15
4	10	11	12	15	17
5	11	12	13	16	20
6	11	12	13	18	23
7	11	12	14	19	27
8	11	13	15	21	31
9	11	13	16	24	35
10	11	13	16	26	40
11	11	14	17	29	47
12	11	14	18	31	54
13	11	15	19	35	62
14	11	15	20	38	71
15	12	16	21	42	81
16	12	16	22	46	94
17	12	17	23	51	108
18	12	17	24	56	124
19	12	18	25	61	142
20	12	18	27	67	164
21	12	19	28	74	188
22	12	19	29	81	216
23	13	20	31	90	249
24	13	20	32	98	286
25	13	21	34	108	329
26	13	22	36	119	379
27	13	22	37	131	435
28	13	23	39	144	501
29	13	24	41	159	576
30	13	24	43	174	662

認識護城河

小節 1
企業護城河

中世紀的城堡,外圍多有護城河,以保衛核心安全。有道是商場如戰場,今時今日的企業,若無「企業護城河」,亦很難將競爭對手,拒於城外。

成功的長線投資者,無不關注持股是否擁有護城河,以保持利潤率。當中代表者,自然是將此觀念發揚光大的股神巴菲特。

到底何謂「企業護城河」?有些企業,具備某些特質,令其它行家,或潛在競爭對手,根本不能來犯;又或在競爭中,持續坐擁優勢,拋離對手。

企業護城河,歸類成五種,分別是無形資產、價格優勢、網路效應、客戶高轉換成本,和利基市場。以下各小節簡介五大類護城河的定義。

小節 2
無形資產(消費品牌)

無形資產包括消費品牌、專利權、政府特許執照等,令外敵難以進場競爭、複製。

消費品牌:

品牌並非止於著名,而是顧客肯為此多付出價錢,才算具備護城河。 消費品牌,例如:同等級的球鞋,買耐吉品牌(NKE),得多付 較多的費用,年輕朋友仍然樂此不疲,這才算是護城河。

專利權:

具專利權的科技,同業不能照抄,否則犯法,理至易明。在專利期內,專利就是在做獨市生意,例如:輝達公司(NVDA),具有多項專利,技術領先群倫,市場競爭力強。

政府特許執照:

擁有政府執照, 而具政府特許的行業,例如:洛克希德馬丁公司(LMT),美國最大的太空承包商,以製造軍火聞名航天軍工、航空器、飛機、軍火工業,政府特許獨佔市場。

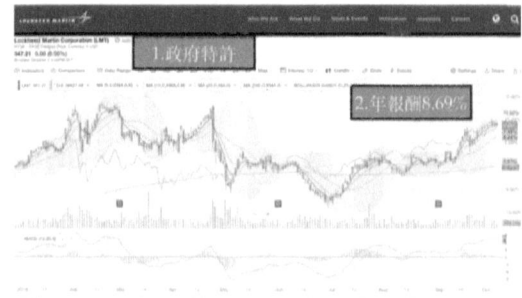

小節 3
價格優勢

　　有能力以較低成本,提供產品、服務的公司,自然享有護城河,因為他們可以大幅減價,令競爭對手知難而退;又或是定價與競爭對手相同,股東所賺的利潤,卻遠超對手,規模成本效益,亦為有價格優勢的其中一種。

　　例如:亞馬遜(AMZN),利用網路行銷全世界,因此,在進貨成本上量大可以壓低成本及銷售市場大,自然就比其他較小通路較具在價格優勢。

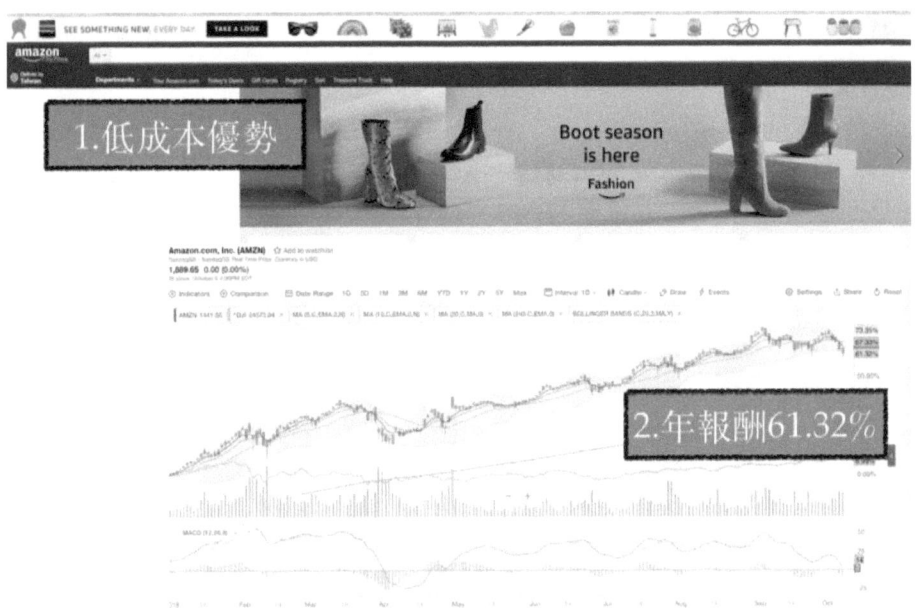

小節 4
網路效應

　　處於「越多人用，越好用」的良性循環的企業就具有網路效應。最佳例子，莫過於信用卡公司，如 Visa(V)、MasterCard(MA)。越多商戶接受信用卡付款，一卡在手，對消費者的價值，自然上升；人人持卡消費，則更多商家會接受信用卡付款，以免落後於人。對於 Visa、MasterCard公司，自是收入源源不斷。

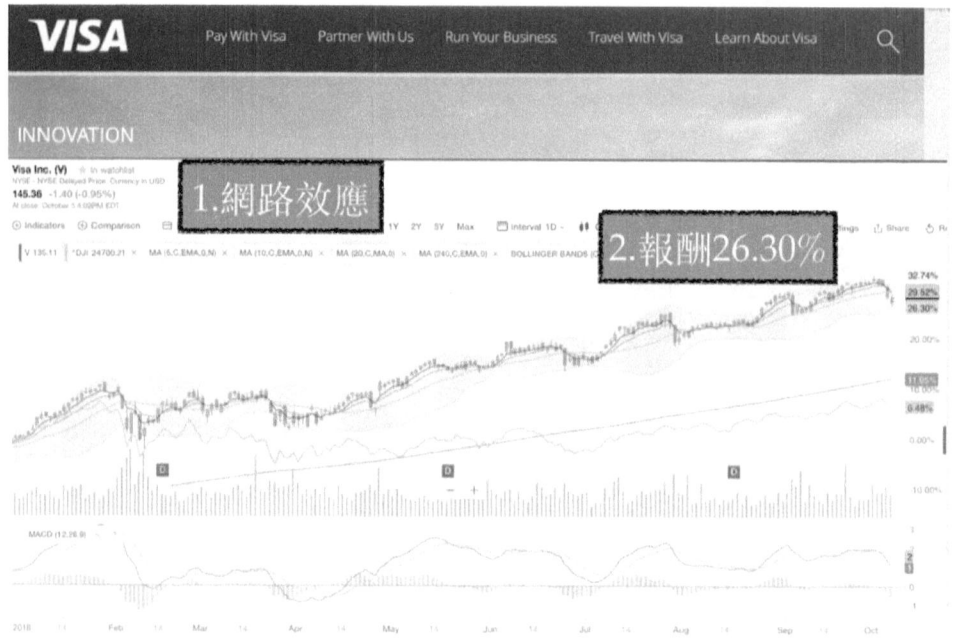

小節 5
高轉換成本

對於客戶有些產品,一旦用久了,轉換時非常不便,又或有潛在風險,除非競爭對手的新品,技術上有極大突破,或大幅割價,否則用戶絕不會因一點點便宜,就考慮轉換。有這種能耐的公司,自然不愁客戶,更能有穩定的客戶收入來源。

例如:微軟(MSFT) 是其中一例:其軟件牽涉大量客戶資訊,為用戶營運命脈,要轉用其它軟件,勢必影響業務,多數公司,都不會為少許成本,冒上這個風險。

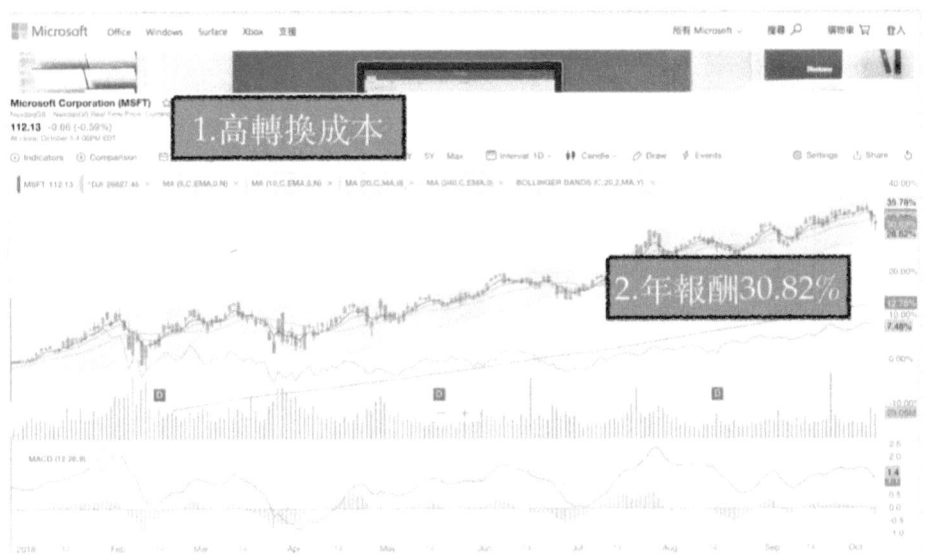

小節 6
利基市場

　　市場上剛好只能容納1、2家，或少數幾家公司生存的利基市場。存在的公司，都能享有不錯的利潤，但不足以吸引新競爭者入場，因為一旦新的競爭對手加入，則所有公司都會虧本。

　　例如波音公司(BA)及空中巴士(Airbus)，擁有全世界的商用飛機市場，由於是獨市生意，所以可得超額利潤；然而市場不大，即使新對手虎視眈眈，也只能望門輕嘆，因為如果新的競爭對手進場，只會落得兩敗俱傷。

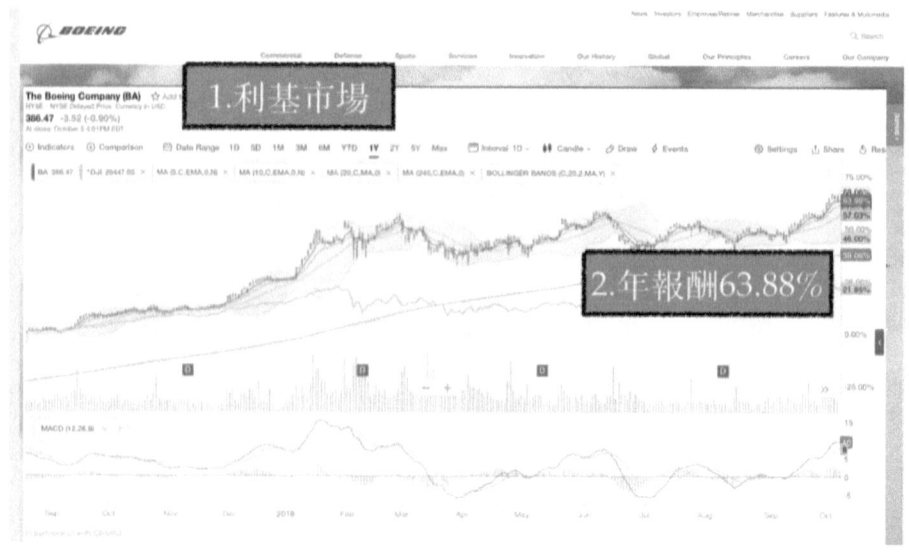

篩選好公司

小節 1
股票篩選器

篩選好公司

　　篩選好公司是投資成功的第一步，股神巴菲特說：「篩選好公司比用好的價格更重要！」，在網路上有許多篩選美股的工具。其部驟如下:(可依個人喜好調整)，進入美股篩選網站-finviz:https://www.finviz.com/screener.ashx

1.設定關鍵條件-設定Exchange交易所、Market Cap.市值、Dividend Yield股息收益率、20-Day Simple Moving Average20天簡單移動平均線、Debt/Equity債務/權益、52-Week High/Low52周高/低...等等。

2.依您所定的條件，就可以快速的篩出自定的理想公司名單，名單隨即列在後面，並有有美股代碼，可以進一步了解及作買賣準備。

小節 2
道瓊30檔成份股

道瓊30檔成份股

　　道瓊工業平均指數,是最悠久的美國市場指數之一, 包括美國30間最大、最知名的上市公司加權平均出來的指數,時至今日,雖然名稱中提及「工業」這兩個字,但事實上其對歷史的意義可能比實際上的意義還來得多些 — 因為今日的30間構成企業裡,大部分都已與重工業不再有關。 由於補償股票分割和其它的調整的效果,它當前只是加權平均數,並不代表成分股價值的平均數。例如:微軟(MSFT)、蘋果(AAPL)、摩根大通(JPM)、 嬌生公司(JNJ)、沃爾瑪公司(WMT)...等等.30檔成分股在美國都是舉足輕重的企業,反映總體經濟市場狀況。因此, 這些股票都是我們要密切跟進的股票。

其連結網站:https://money.moneydj.com/us/uslist/list0003

走勢	代碼	名稱	日期	價格	成交量	成交值(千元)	流通股數(百萬)	流通市值(百萬)	年報酬	標準差
	MSFT	Microsoft	08/02	136.9000	30,199,716	4,134,341	7,663	1,049,040	27.27	20.93
	AAPL	Apple	08/02	204.0200	38,688,248	7,893,176	4,519	922,003	-1.62	37.11
	JPM	JPMorgan Chase	08/02	112.9300	10,948,834	1,236,452	3,244	366,342	-2.77	20.54
	JNJ	Johnson & Johnson	08/02	131.0700	6,263,691	820,982	2,639	345,915	-0.14	20.75
	WMT	Walmart	08/02	109.4000	5,570,342	609,395	2,855	312,307	23.25	16.23
	V	Visa	08/02	177.4200	8,214,118	1,457,349	1,727	306,399	27.71	16.51
	XOM	Exxon Mobil	08/02	71.7500	18,769,847	1,346,737	4,231	303,581	-10.21	24.03
	PG	Procter & Gamble	08/02	116.4400	12,208,289	1,421,533	2,508	292,070	42.00	12.78
	DIS	Walt Disney	08/02	141.7200	6,339,904	898,428	1,800	255,035	25.69	22.91
	UNH	UnitedHealth	08/02	250.0500	2,669,142	667,419	950	237,633	-2.35	23.45
	HD	Home Depot	08/02	212.1500	2,819,160	598,085	1,100	233,426	8.43	20.86
	CVX	Chevron	08/02	120.7300	8,665,447	1,046,179	1,905	229,958	-2.45	19.65
	VZ	Verizon Communications	08/02	55.5900	17,390,648	966,746	4,136	229,904	6.94	16.66
	CSCO	Cisco	08/02	53.2500	28,381,579	1,511,519	4,281	227,949	25.21	26.13

小節 3
標普500成份股

　　S&P500指數，中文是標準普爾500指數或史坦普500，S&P500指數用最簡單的理解就是：美國的500家大型企業，主要是考慮規模、流動性、和獲利，規定如下：

1. 市值53億美元以上

2. 總部設在美國

3. 每年的交易量要大於它的總市值

4. 在過去6個月中，每股至少有25萬股交易

5. 大部分股份在公眾手中

6. 自首次公開發行募股至少半年

7. 連續4個季度的財報淨利都要正的

S&P500有哪些成分股？

其實最大的幾家都是大家耳熟能詳的公司，

例如： 微軟(MSFT)、 蘋果(AAPL)、亞馬遜(AMZN)、谷歌(GOOGLE)、臉書(FB)、摩根大通(JPM)、美國銀行(BAC)、波音公司(BA)...等等。

小節 4
納斯達克成份股

　　NASDAQ指數用最簡單的理解就是，以科技公司為主的股票指數，成分股有40%~50%比重是科技公司，也包含消費、醫療保健、金融等等產業，在NASDAQ更多是「品牌廠」、「網路公司」比重相對更高，NASDAQ指數是美國最重要的「科技股」代表指數

例如：蘋果公司(AAPL)、臉書(FB)、谷歌公司(GOOGL)、微軟(MSFT)、思科(CSCO)、IBM(IBM)、輝達公司(NVDA)...等。其連結網站:https://money.moneydj.com/us/uslist/list0003

走勢	代碼	名稱	日期	價格	成交量	成交值(千元)	流通股數(百萬)	流通市值(百萬)↓	年報酬	標準差
	MSFT	Microsoft	08/02	136.9000	30,199,716	4,134,341	7,663	1,049,040	27.27	20.93
	AAPL	Apple	08/02	204.0200	38,688,248	7,893,176	4,519	922,003	-1.62	37.11
	GOOG	Alphabet - Class C	08/02	1,193.9900	1,634,551	1,951,638	634	756,769	-2.62	19.25
	FB	Facebook	08/02	189.0200	15,143,442	2,862,413	2,406	454,730	7.17	32.85
	GOOGL	Alphabet - Class A	08/02	1,196.3200	1,693,579	2,026,182	300	358,736	-3.61	19.00
	CSCO	Cisco	08/02	53.2500	28,381,579	1,511,319	4,281	227,949	25.21	26.13
	INTC	Intel	08/02	48.6600	27,690,541	1,347,970	4,430	215,652	-1.62	22.35
	ORCL	Oracle	08/02	55.8400	12,532,369	699,807	3,336	186,272	16.58	24.19
	ADBE	Adobe	08/02	293.7100	3,359,302	986,661	485	142,578	16.45	25.25
	IBM	IBM	08/02	147.2500	8,069,704	1,188,264	886	130,445	3.00	37.02
	TXN	Texas Instruments	08/02	121.8200	7,311,433	890,679	934	113,734	8.56	26.10
	CRM	Salesforce	08/02	145.7000	12,973,347	1,890,217	776	113,063	3.23	26.08
	AVGO	Broadcom	08/02	278.5300	1,961,637	546,375	398	110,875	28.74	36.74
	NVDA	NVIDIA	08/02	161.1900	9,762,292	1,573,584	609	98,165	-35.68	57.44

小節 5
費城半導体成份股

費城半導體指數(Philadelphia Semiconductor Index)創立於1993年,為全球半導體業景氣主要指標之一。該指數有19個成分股,涵蓋半導體設計、設備、製造、銷售與配銷等面向,包括應用材料(AMAT)、超微(AMD)、博通(AVGO)、英特爾(INTC)、美光(MU)、德州儀器(TXN)、賽靈思(XLNX)、台積電(TSM)...等等。其連結網站:https://money.moneydj.com/us/uslist/list0003

走勢	代碼	名稱	日期	價格	成交量	成交值(千元)	流通股數(百萬)	流通市值(百萬)	年報酬	標準差
	TSM	TSMC(ADR)	08/02	41.6500	9,219,286	383,983	5,186	216,000	0.24	23.52
	INTC	Intel	08/02	48.6800	27,690,427	1,347,970	4,430	215,652	-1.62	22.35
	TXN	Texas Instruments	08/02	121.8200	7,311,433	890,679	934	113,734	8.56	26.10
	AVGO	Broadcom	08/02	278.5300	1,961,637	546,375	398	110,875	28.74	36.74
	NVDA	NVIDIA	08/02	161.1900	9,762,292	1,573,584	609	98,165	-35.68	57.44
	ASML	ASML Holding	08/02	219.9100	541,276	119,032	421	92,604	1.90	29.06
	QCOM	QUALCOMM	08/02	71.1500	12,336,749	877,760	1,216	86,494	9.85	65.49
	MU	Micron	08/02	44.0800	31,832,686	1,403,185	1,104	48,656	-17.45	48.44
	AMAT	Applied Materials	08/02	47.5500	7,883,002	374,837	936	44,512	-1.16	36.58
	ADI	Analog Devices	08/02	112.6800	2,628,242	296,150	370	41,665	17.14	35.30
	NXPI	NXP Semiconductors	08/02	100.4600	3,194,973	320,967	329	33,021	5.08	36.04
	AMD	AMD	08/02	29.4400	59,780,185	1,759,929	1,086	31,958	56.68	61.74
	LRCX	Lam Research	08/02	204.0900	2,401,760	490,175	150	30,599	9.08	40.74
	XLNX	Xilinx	08/02	110.1800	4,416,666	486,628	253	27,832	53.63	41.11

小節 6
跟單巴菲特

跟單巴菲特

　　投資大師談如何賺錢,這是剛開始學習投資的人都會想知道的事,在這裡介紹一個研究者最愛網站-Gurufocus,大師進出標的與投資領袖們對股市看法都讓您一目了然。在些舉例說明如下:

1. 查詢對象-巴菲特(Warren Buffett)。

2. 股票市值及買賣。

3. 股票的漲跌。

4. 巴菲特持有股票的明細(每一季3,6,9,12月底公布最新名單),我們可以看到最新一期公布投資清單,找出現價低於成本價的(出現紅字的),並記下股票代碼研究其最佳的買進點,當巴菲特在加碼(Add)時,我們

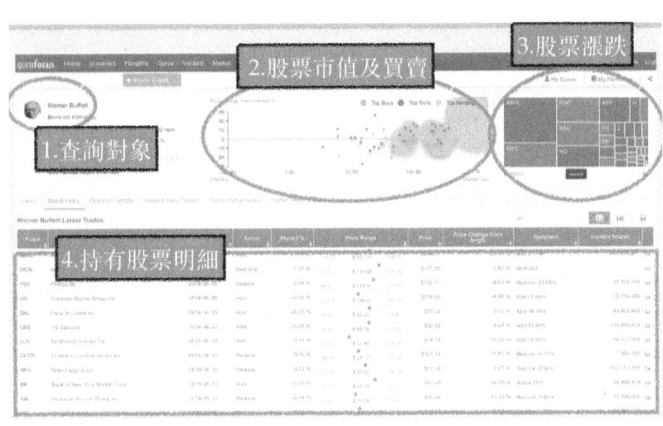

也可以考慮加碼,當巴菲特在減碼(Reduce)時,我們也可以考慮減碼,當巴菲特在賣光(Sold Out)時,我們最好跟著也賣光。

其連結網站:https://www.gurufocus.com/guru/warren+buffett/stock-picks

小節 7
美股地圖

　　Finviz最特別的「地圖」(map)功能。這可以一目瞭然的顯示S&P500成份股的漲跌幅，而且市值越大顯示的圖塊愈大，像AAPL、MSFT就比其他公司大，有些較小的公司就得放大才看得到了，投資人也可以透過這張地圖上各公司的大小，來瞭解市值變化，非常方便。

　　再來，這張地圖也很貼心地把競爭者們放在一起。只要我們把滑鼠移到特定的公司上，它就會自動顯示競爭者們最近的漲跌幅。下圖中的谷歌(GOOGL)、臉書(FB)、微軟(MSFT)等都是科技股，所以放在一起比較。顏色愈鮮綠表示漲幅愈大，顏色愈顯紅表示跌幅愈大。

按此連結:https://www.finviz.com/map.ashx

小節 8
全世界ADR

　　美國交易市場站了全世界44%，全世界知名企業都想來美國上市，因此，我們在美股投資平台上可以投資全世界ADR是非常方便的，例如：加拿大、百慕大、墨西哥、開曼群島、哥倫比亞、巴西、愛爾蘭、英國、法國、荷蘭、瑞士、德國、比利時、盧森堡、丹麥、挪威、以色列、南非、中國、日本、印度、香港、南韓、台灣、澳大利亞等等。

　　其連結網站:https://www.finviz.com/map.ashx?t=geo

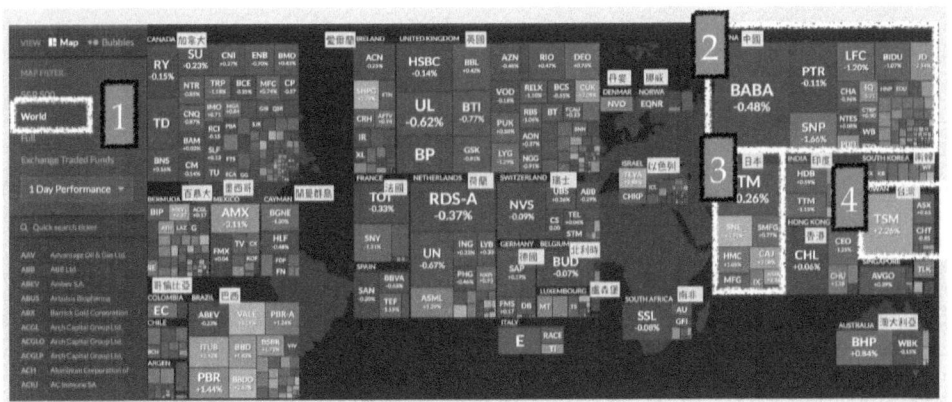

小節 9
查公司的競爭對手

查公司的競爭對手owler網站查詢，例如查臉書(FB)的競爭對手有Google、Microsoft、蘋果、Twitter、YouTube、Snap Inc...等等。

可比較祝爭排名、公司名稱、領導人、CEO排名、員工人數、總資本、營收...等等。

連結網站:https://www.owler.com/company/facebook#competitors

RANK	COMPANY	LEADERSHIP	CEO SCORE	EMPLOYEES	TOTAL FUNDING	REVENUE
	facebook	Mark Zuckerberg Chairman & CEO	65/100	35,587	$31.3B	$58.9B
1	Google	Sundar Pichai CEO	94/100	98,771	$1.7B	$142.1B
2	Microsoft	Satya Nadella CEO	77/100	131,000	$61M	$122.2B
3		Timothy Cook CEO	79/100	132,000	$1B	$258.5B
4		Jack Dorsey Co-Founder & CEO	66/100	3,920	$3B	$3.2B
5	YouTube	Susan Wojcicki CEO	84/100	5,000	$8M	$9B
6	Snap Inc.	Evan Spiegel Co-Founder & CEO	65/100	2,884	$6.1B	$1.3B

小節 10
找公司代碼

如果您只知道這家公司很有名氣,但是想知道它的美股代碼,可存Google網站上打入公司名稱 + stock就可以找到美股代碼,例如:想找Facebook,就在Google網站上鍵入Facebook stock,就可以找到美股代碼為"FB",並且可以了解公司概況。

連結網站:https://www.google.com

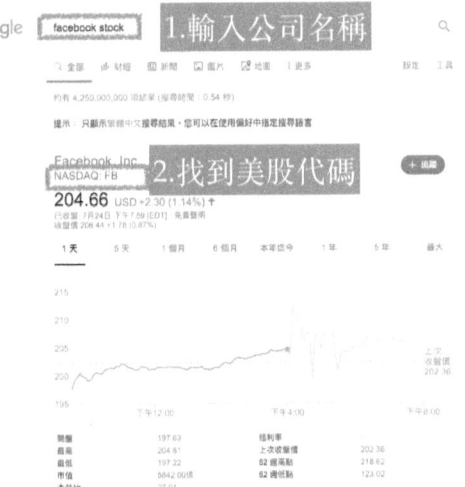

小節 11
找上級機構

　　如果您想知道這家公司的母系公司是誰,可以在Google裡鍵入公司名稱,例如:查Youtobe是屬於那家公司,就查到上級機構:Google。

連結網站:https://www.google.com

小節 12
Jitta泰國價值投資網站

提供一個泰國價值投資網站可以可看價值分數及價值線連結如下：https://www.jitta.com/explore?country%5B0%5D=US，若公司的股價低於價值，則可以考慮多關注這家公司，若股價高於公司價值則要考慮換股持有。其操作步驟如下：

1. Country選United states-選美股。

2. 選Filter option:調整價值分數及價值線與股價的價差

3. 選價值分數>7，表示這家公司有好的體質。

4. 選價值線<15，表示這家公司有15%的獲利空間。

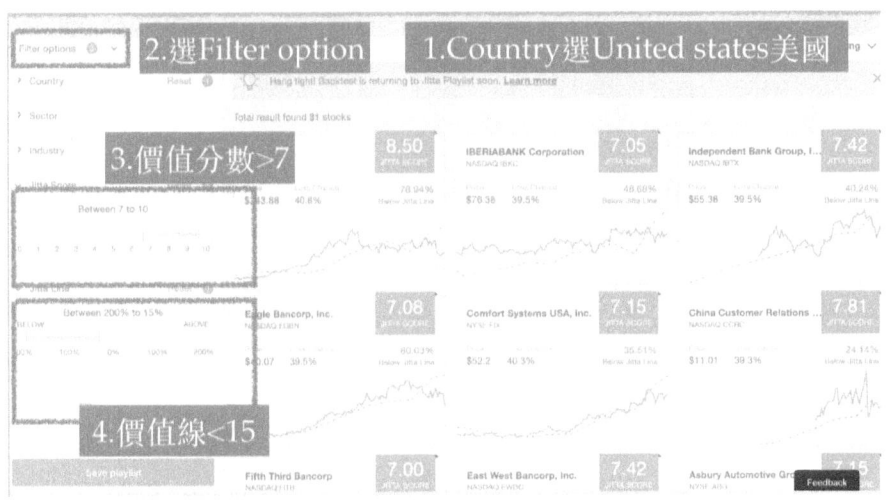

公司估價

小節 1
如何估價

我們可以用各種上一章方法找到好的公司、逛百貨公司的名牌、日常生活的觀察精品店、機場免稅店、出國旅遊的好事物收集或是用網站的程式篩選器幫我們很快的找到好的公司,在好的公司裡面投資才安全,找到好公司之後,不一定就是合理的價格

巴菲特說:我不知道什麼時候買股,但我知道這些股票值不值得買。,我們可以上晨星網站依照其財報的表現或用程式來估算其合理的價格。

小節 2
每股盈餘EPS

Earnings Per Share 每股盈餘(EPS)＝稅後淨利／流通在外的普通股加權股數，白話翻譯就是「每1股賺多少錢？」，它可以快速幫我們了解規模大小不同的公司幫股東賺錢能力的差異，舉個例子：假設您要買一張股票，以下兩間公司選哪一間比較有利？公司A. 年淨利5000萬元，公司B. 年淨利2000萬元，其實如果只從獲利去看其實無法判斷，必須要考慮到公司股本數不一樣。公司B.年淨利5000萬元，總股數1000萬股 EPS5元，公司B.年淨利2000萬元，總股數200萬股EPS10元，這時透過EPS就可以快速看出來，B公司雖然淨利較低，但每持有1股B公司股票，獲利可以高於A公司。

正確的觀念是比較不同公司EPS高低沒有意義，要同時考慮股價和本益比才有意義，理論上EPS賺越多的公司，股價也會相對越高，因此在評估時我們不會直接看EPS高低，而是用本益比(PE Ratio)做判斷。本益比(倍) = 股價/EPS，例如股價200元，EPS10元，本益比就是20倍。本益比又可以把它當成「還本的時間」，20倍本益比相當於投資20年回本，這數字越小相對越便宜。

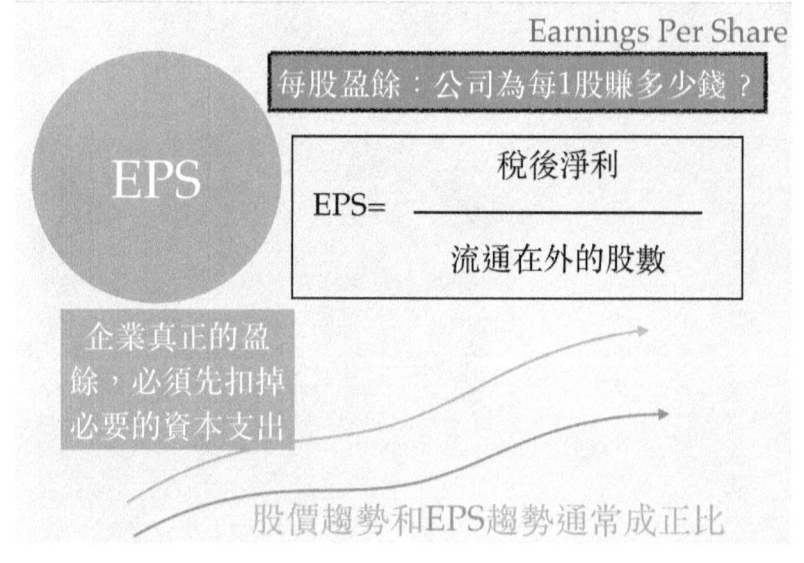

觀察同一間公司過去EPS趨勢，以及未來成長性也要列入評估，雖然說考慮股價時，當下本益比越低越好，但通常也要考慮獲利的「未來成長性」，如果一間公司過去到現在EPS

持續成長,那股價通常也會水漲船高。不過這邊要注意的是,巴菲特曾說:「不要花錢買成長。」因為成長性畢竟是一種猜測,未來成長率也不一定能保持,即使未來有成長可能,仍要避免買進的股價過於昂貴,美股EPS查詢MorningStar網站:https://www.morningstar.com。

使用EPS要注意什麼?

(1.) EPS要穩定,小心EPS忽高忽低的股票,穩定的公司每年EPS會穩定或持續成長,不會突然有大幅衰退

(2.) 要小心獲利和現金流的落差,EPS只反應了獲利能力,但會計上損益表的獲利,不代表實際有現金流入。必須同時搭配營業現金流、自由現金流量表上的數字觀察。例如賺了100元,但實際現金流入只有40元,這種狀況就要留意,也許是存貨或者應收帳款過多,這種財務狀況並不健康。

(3.) 獲利不穩的公司。

(4.) 常增資的公司。

挑選最有價值的股票:最近 10 年,每年EPS 都比年年正成長。

小節 3

營運現金流

通常人在說謊的時候,常常都會有一些不自然,像是出現一些不安的小動作,貶眼睛、流汗、眼神飄移等等。細心的人,能夠從觀察另一半的行為舉止,嗅出和平常不一樣的氣息,而財務報表呢?我們是不是也能夠旁敲側擊,發現事情的不單純?

一般來說,如果企業的獲利不錯,應該也會有相對應的營業活動現金流入進帳,表示他的生意好,也真的能夠賺到錢。但是如果發現事實上並不是這樣的話,例如:公司有營收沒有實際的獲利,我們就必須要小心了。

營業現金流量高,不用借錢周轉,經營的風險降低。營業現金流量低,代表企業有資金週轉的風險,尤其營業現金流量小於 0,是潛在的危險的警訊。常見原因有二:(1.) 客戶不付款,有盈餘但拿不到現金,(2.) 買太多存貨一樣會使公司現金短缺。

挑選最有價值的股票:最近 10 年,每年營運現金流都是正數。

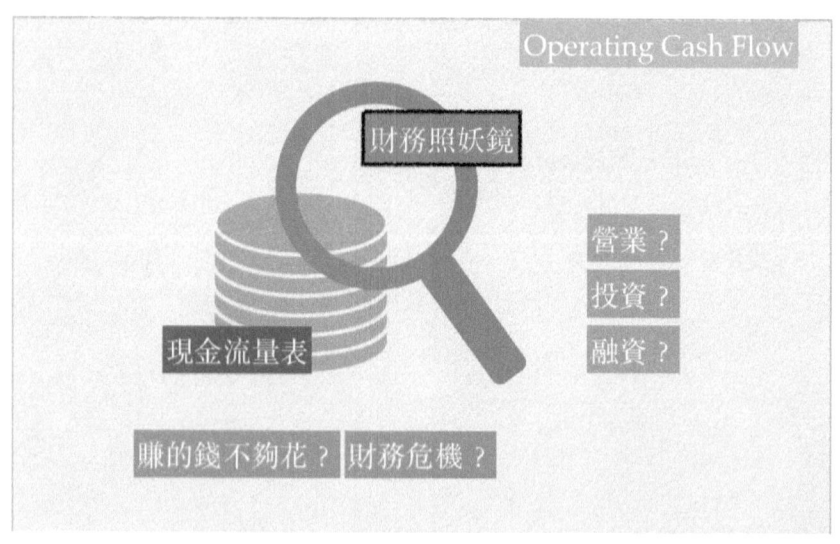

小節 4
股東權益報酬率(Return on Equity %)

股東權益報酬率(ROE)是一種衡量公司經營效率的財務指標,很多基本面投資人在分析公司是否值得投資時都會使用ROE。

ROE的中文有幾種不同的稱呼,股本回報率、股權收益率、股本收益率、股東權益報酬率,在台灣我們都統稱股東權益報酬率。

ROE代表公司運用自有資本的賺錢效率,例如:漢堡公司起始營運資本100元,今年獲利20元,ROE 20%,牛排公司起始營運資本1000元,今年獲利50元,ROE 5%,可以看出漢堡公司ROE20%,運用資本的效率比ROE5%的牛排公司好。

股東權益報酬率 (ROE) = 稅後盈餘 / 股東權益,稅後盈餘:也稱稅後淨利,就是公司本期賺的獲利

股東權益=公司總資產-公司總負債。

挑選最有價值的股票:最近 10 年,每年 ROE 穩定表現正數。

$$ROE = \frac{淨利}{股東權益}$$

Return on Equity %

公司運用自有資本的賺錢效率

小節 5
公司負債比(Debt/Equity)

負債比例 = 總負債 / 總資產,負債比率代表一間公司的錢,有多少比例是借來的,不同產業的負債比不同,有不同的思考,比方說 航運業(飛機、船隻耗資龐大),營建業(土地、興建所需資金龐大),保險、銀行、金控、證券等金融業(本身自有的資金比例不高)。

長期相對穩定的負債比,代表經營穩健,其實就像我們人的體重一樣,沒有一個最適合的重量。但是如果忽然變胖或忽然變瘦,都可能代表身心狀況出問題。企業也一樣!長期維持一個相對穩定,不大起大落的負債比,就是穩健經營的公司。所以高負債不一定是壞事,但是起伏劇烈就不好了!

挑選最有價值的股票:最近 10 年,每年公司負債比不要太大。

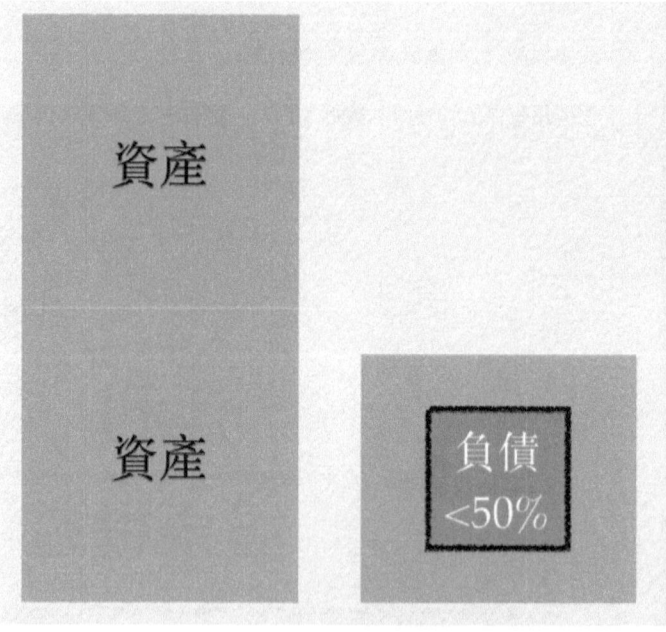

小節 6
什麼是毛利率？

(Profit margin)，就有看出品牌價值的能力！毛利率計算公式 =(銷售收入－銷售成本) / 銷售收入 x 100%，比方說，一杯咖啡賣120元，扣除掉成本60元，毛利率 =(120 – 60)/ 120 = 50%，當毛利率越高，代表企業「創造附加價值」的能力越高！附加價值可能來自許多地方，品牌價值、技術專利、獨佔、地域性等等。當企業有足夠的附加價值，不用投入更多成本，就能為股東帶來更多超額利潤，也容易延續公司的競爭優勢，以及維持或提升在產業中地的地位。

但毛利率多少算高? 40%算高嗎? 或20%算低嗎?我個人認為毛利率>30%才有主導價格的能力，因此，我的選股會以毛利率大於30%才算是好公司。

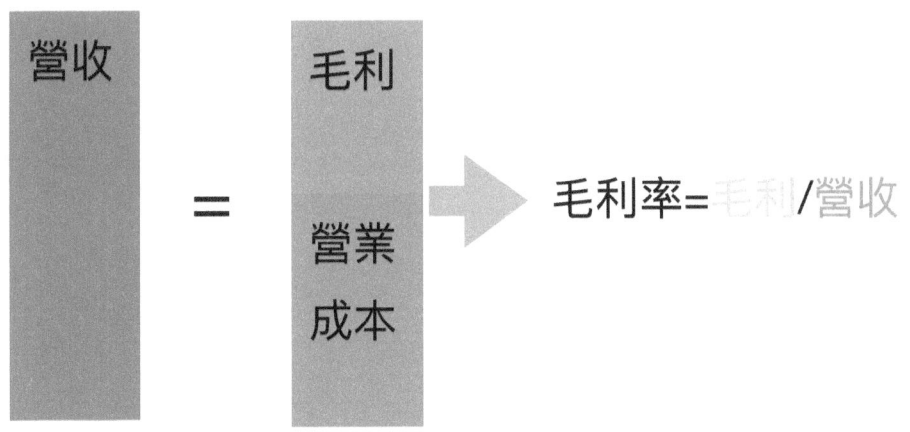

小節 7
成長股

成長股是指具有快速成長潛能的公司，以EPS增長率來判斷，EPS增長率愈高，公司的未來獲利成長愈樂觀。

連結參考：https://financials.morningstar.com/ratios/r.html?t=0P0000W3KZ&culture=en&platform=sal

Facebook Inc A FB ★★★

Financials

	2009-12	2010-12	2011-12	2012-12	2013-12	2014-12	2015-12	2016-12	2017-12	2018-12	TTM
Revenue USD Mil	—	1,974	3,711	5,089	7,872	12,466	17,928	27,638	40,653	55,838	58,949
Gross Margin %	—	75.0	76.8	73.2	76.2	82.7	84.0	86.3	86.6	83.2	82.6
Operating Income USD Mil	—	1,032	1,756	538	2,804	4,994	6,225	12,427	20,203	24,913	22,781
Operating Margin %	—	52.3	47.3	10.6	35.6	40.1	34.7	45.0	49.7	44.6	38.6
Net Income USD Mil	—	606	1,000	53	1,500	2,940	3,688	10,217	15,934	22,112	19,553
Earnings Per Share USD	—	—	0.46	0.01	0.60	1.10	1.29	3.49	5.39	7.57	6.73

Key Ratios

Profitability | **Growth** | Cash Flow | Financial Health | Efficiency Ratios

	2009-12	2010-12	2011-12	2012-12	2013-12	2014-12	2015-12	2016-12	2017-12	2018-12	Latest Qtr
Revenue %											
Year over Year	—	—	87.99	37.13	54.69	58.36	43.82	54.16	47.09	37.35	26.00
3-Year Average	—	—	—	—	58.58	49.77	52.16	51.99	48.29	46.04	—
5-Year Average	—	—	—	—	—	—	55.47	49.42	51.53	47.97	—
10-Year Average	—	—	—	—	—	—	—	—	—	—	—
Operating Income %											
Year over Year	—	—	70.16	-69.35	421.19	78.10	24.65	99.63	62.57	23.31	-39.13
3-Year Average	—	—	—	—	39.54	41.68	126.18	64.26	59.34	58.77	—
5-Year Average	—	—	—	—	—	—	43.25	47.90	106.50	54.79	—
10-Year Average	—	—	—	—	—	—	—	—	—	—	—
Net Income %											
Year over Year	—	—	65.02	-94.70	2730.19	96.00	25.44	177.03	55.96	38.77	—
3-Year Average	—	—	—	—	35.27	43.26	311.31	89.56	75.65	81.67	—
5-Year Average	—	—	—	—	—	—	43.50	59.17	213.05	71.28	—
10-Year Average	—	—	—	—	—	—	—	—	—	—	—
EPS %											
Year over Year	—	—	—	-97.67	—	83.33	17.27	170.54	54.44	40.45	-49.70
3-Year Average	—	—	—	—	—	—	36.76	405.28	79.84	69.85	80.37
5-Year Average	—	—	—	—	—	—	—	52.01	251.82	66.03	—
10-Year Average	—	—	—	—	—	—	—	—	—	—	—

EPS成長率

小節 8
配息股

高配息股是指一家公司向投資者派發較高的股息，其標準是股息收益率高於5%，季季配得穩定配息，可說是一種固定收益。

為蘋果(AAPL)為例:配息2.92/股價 201=每年配息1.5%。

連結參考:https://financials.morningstar.com/ratios/r.html?t=0P000000GY&culture=en&platform=sal

Apple Inc AAPL ★★★

Financials

	2009-09	2010-09	2011-09	2012-09	2013-09	2014-09	2015-09	2016-09	2017-09	2018-09	TTM
Revenue USD Mil	42,905	65,225	108,249	156,508	170,910	182,795	233,715	215,639	229,234	265,595	258,490
Gross Margin %	40.1	39.4	40.5	43.9	37.6	38.6	40.1	39.1	38.5	38.3	38.1
Operating Income USD Mil	11,740	18,385	33,790	55,241	48,999	52,503	71,230	60,024	61,344	70,898	65,491
Operating Margin %	27.4	28.2	31.2	35.3	28.7	28.7	30.5	27.8	26.8	26.7	25.3
Net Income USD Mil	8,235	14,013	25,922	41,733	37,037	39,510	53,394	45,687	48,351	59,531	57,170
Earnings Per Share USD	1.30	2.16	3.95	6.31	5.68	6.45	9.22	8.31	9.21	11.91	11.94
Dividends USD	—	—	—	0.38	1.63	1.81	1.98	2.18	2.40	2.72	2.92
Payout Ratio % *	—	—	—	—	27.4	28.5	22.3	24.8	26.5	23.7	24.5
Shares Mil	6,349	6,473	6,557	6,617	6,522	6,123	5,793	5,500	5,252	5,000	4,812
Book Value Per Share * USD	5.02	7.45	11.78	16.99	19.60	20.62	22.53	23.71	25.83	24.17	23.01
Operating Cash Flow USD Mil	10,159	18,595	37,529	50,856	53,666	59,713	81,266	65,824	63,598	77,434	71,856
Cap Spending USD Mil	-1,213	-2,121	-7,452	-9,402	-9,076	-9,813	-11,488	-13,548	-12,795	-13,313	-12,026
Free Cash Flow USD Mil	8,946	16,474	30,077	41,454	44,590	49,900	69,778	52,276	50,803	64,121	59,830
Free Cash Flow Per Share * USD	1.41	2.54	4.59	6.31	6.46	7.73	11.82	8.97	9.66	11.52	—
Working Capital USD Mil	20,049	20,956	17,018	19,111	29,628	5,083	8,768	27,863	27,831	14,473	—

* Indicates calendar year-end data information

小節 9
資產股

資產股是指股市遇到系統性風險時，公司的總資產打八折來衡量。

例如通用電器公司(GE)，目前帳面價值4.03x0.8=3.22。所以3.22是它的帳面價值，以這樣的算法意思是說，在最壞的情況之下,通用電器公司(GE)股價跌破3.22就是公司最後資產底價。

連結參考:https://financials.morningstar.com/ratios/r.html?t=0P000002DO&culture=en&platform=sal

General Electric Co GE ★★★
Financials

	2009-12	2010-12	2011-12	2012-12	2013-12	2014-12	2015-12	2016-12	2017-12	2018-12	TTM
Revenue USD Mil	156,783	150,211	142,237	144,796	142,937	147,811	115,158	119,687	120,468	121,616	121,114
Gross Margin %	51.6	52.3	42.3	40.6	39.5	39.3	26.2	23.7	21.1	21.3	21.5
Operating Income USD Mil	29,113	30,191	56,031	54,898	51,711	54,888	14,560	14,042	8,734	9,952	9,969
Operating Margin %	18.6	20.1	39.4	37.9	36.2	37.1	12.6	11.7	7.3	8.2	8.2
Net Income USD Mil	11,025	11,644	14,151	13,641	13,057	15,233	-6,126	8,831	-5,786	-22,355	-17,620
Earnings Per Share USD	1.01	1.06	1.23	1.29	1.27	1.50	-0.62	0.75	-1.03	-2.62	-2.08
Dividends USD	0.61	0.46	0.61	0.70	0.79	0.89	0.92	0.93	0.84	0.37	0.26
Payout Ratio % *	59.2	40.0	47.1	50.4	54.7	59.5	180.4	105.8	—	—	—
Shares Mil	10,615	10,678	10,620	10,564	10,289	10,123	10,016	9,130	8,687	8,691	8,699
Book Value Per Share * USD	11.00	11.20	11.77	11.82	12.20	13.42	11.86	9.37	8.77	3.61	4.03
Operating Cash Flow USD Mil	24,593	36,123	33,359	31,331	28,579	27,710	19,891	-244	10,426	4,246	3,976
Cap Spending USD Mil	-8,634	-9,800	-12,650	-15,126	-13,458	-13,727	-7,309	-7,199	-7,920	-8,056	-7,926
Free Cash Flow USD Mil	15,959	26,323	20,709	16,205	15,121	13,983	12,582	-7,443	2,506	-3,810	-3,950
Free Cash Flow Per Share * USD	1.50	2.47	1.83	1.53	1.32	1.43	1.09	-0.29	-0.23	-0.07	—
Working Capital USD Mil	316,579	278,864	229,382	228,408	236,852	229,933	66,753	76,247	69,878	55,278	—

* Indicates calendar year-end data information

風險評估RISK

R	法規
I	通膨
S	科技
K	關鍵人物

小節 1
法規風險

風險評估-法規

　　如果產業原本不受到法律或政策保護的產業,那麼就代表該產業沒有政策風險,所以不管政府是否開放公平競爭,公司就不會受到影響。例如:蘋果公司(AAPL),全球智慧型手機、平板電腦、消費性電子大廠,不是政府特許經營保護的產業,所以蘋果公司在這項就可以加到分數。

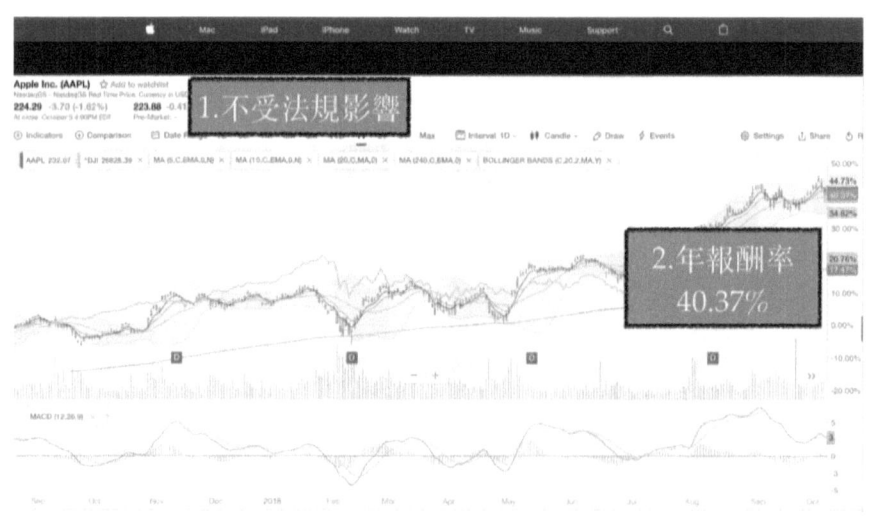

小節 2
通膨風險

風險評估-通膨

今天不因通貨膨脹或原物料上漲,不用自己吸收成本,無需轉嫁給消費者的公司,就不會受到通膨風險的影響而侵蝕獲利。例如:GOOGLE(GOOGL):產品不直接使用原物料的公司就不容易受到原物料價格的波動影響,而產生通膨風險,這項就可以加到分數。

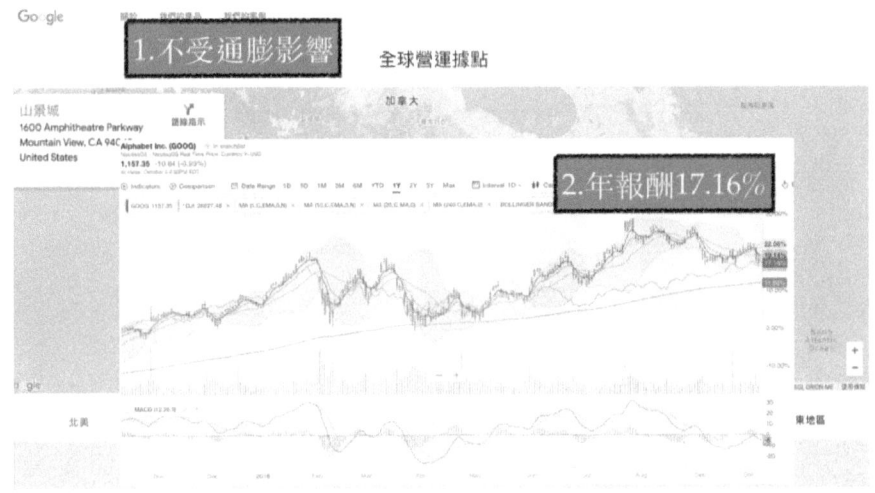

小節 3

科技風險

通常發生在科技股身上,因為科技發展日新月異,很難不保證會再出現跨世代的產品。像上個世代最強的諾基亞手機,因為智慧型手機的崛起,瞬間瓦解。就有明顯的科學與技術風險。

例如:直覺手術公司(ISRG),可轉換醫師手部的動作,執行者在控制台控制儀器,透過小切口或孔定位患者體內儀器相應的微動作。其科技無人出其左右,可以加到分數。

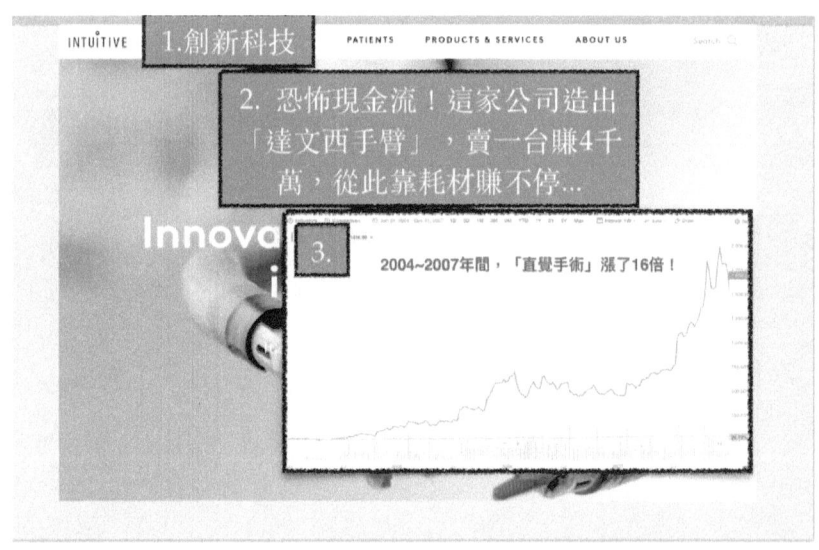

小節 4
關鍵人物風險

風險評估-關鍵人物

　　企業的護城河不能是「單一個人」,那樣的護城河將才能有持久的優勢,反之,一家企業若能在傳給好幾位資深領導人後仍屹立不搖,即使傳奇領袖已離去也一樣,那該企業通常就證明了自己的永續性。

　　例如:麥當勞股份有限公司(MCD),全球最大的連鎖速食企業,擁有完整的管理體系,即使換領導人也不會影響公司的營運。

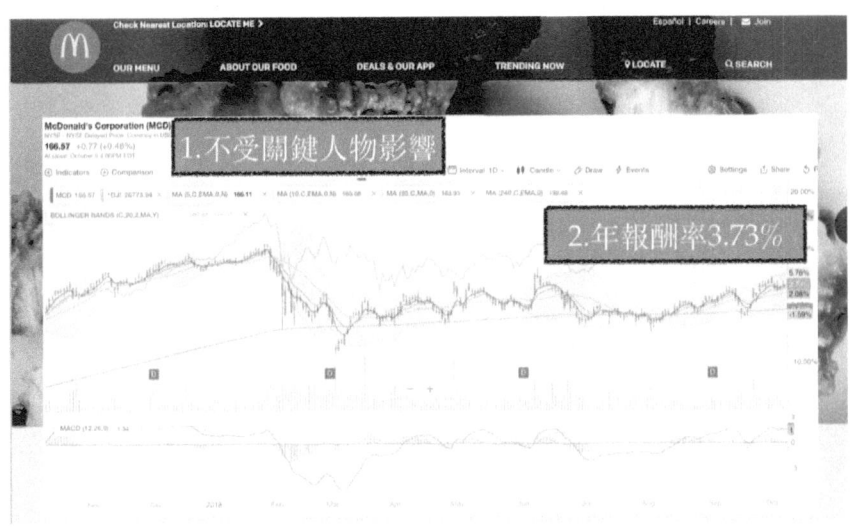

技術分析

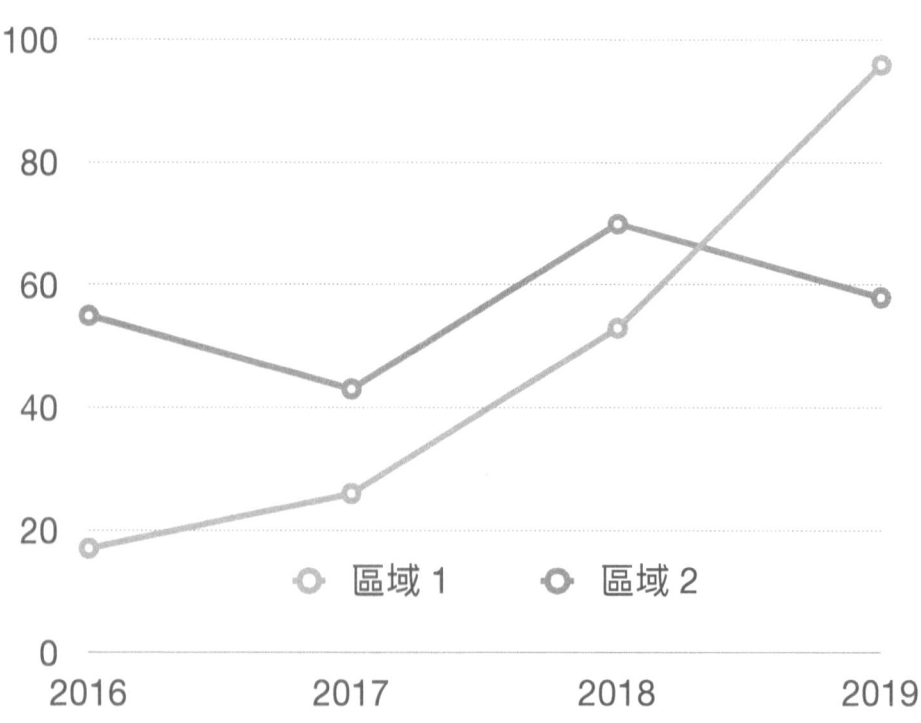

小節 1
為何學股勢分析？

為何學技術分析？

　　技術分析是用來判斷大盤及個股股價的走勢,以幫助我們在短中長線上的買賣參考,其主要作用如下:

1.資金有效的應用-順著趨勢作多/作空,使資金在多空都可以充分應用。

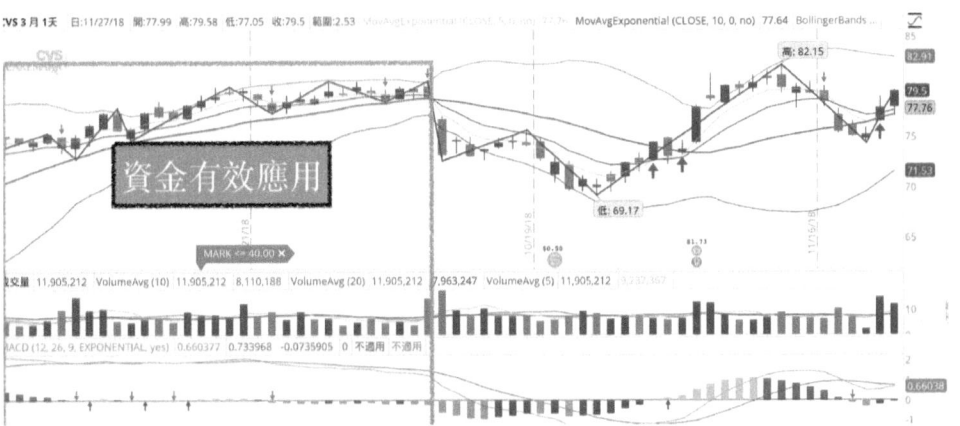

2.避開風險- 當系統風險來臨時所有股票都會向下修正,可以選擇把手中的股票獲利落袋,截斷虧損,對於保守投資人這時候可以空手等待,避免獲利回吐,對於積極型投資人這時候可以反手放空,獲利往往更加速,使獲利更為加速。

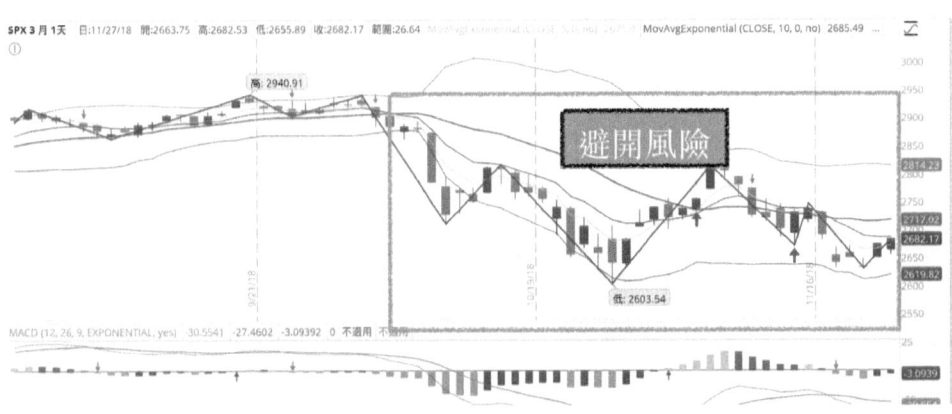

3.轉折點切入-掌握買賣轉折點，進而用不同的買賣策略切入，使獲利最佳化。

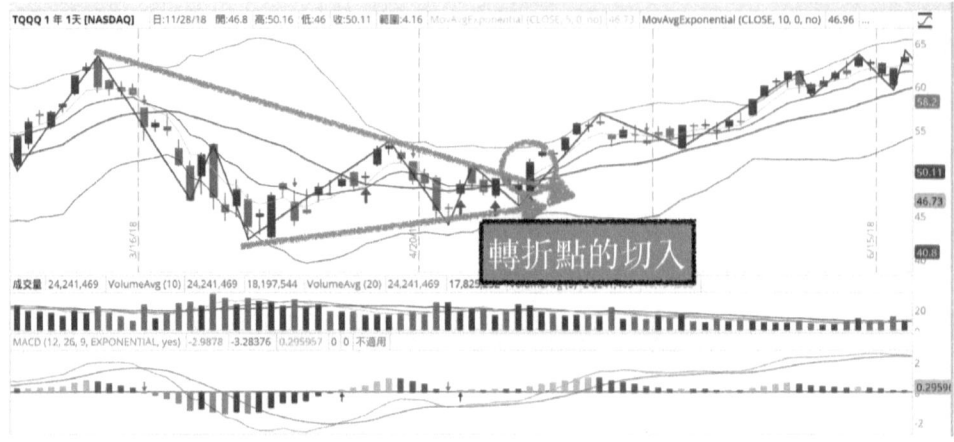

小節 2
個股紅綠燈

看個股紅綠燈找強勢股，追強勢股的起漲點是最重要的，若能在第一時間發現並買進，風險是最小的，因些當我們要買股票時，要選在由弱轉強的時機點，也就是要在轉折點的發現與確認！

我們可以利用股市地圖找當天的強勢股，強勢股是會出現亮綠色，愈亮表示愈強勢，例如圖上看到T、WFC、NFLX、LMT...等等都是強勢股，反之，亮紅色就是弱勢股，例如BA、CAT...等等。

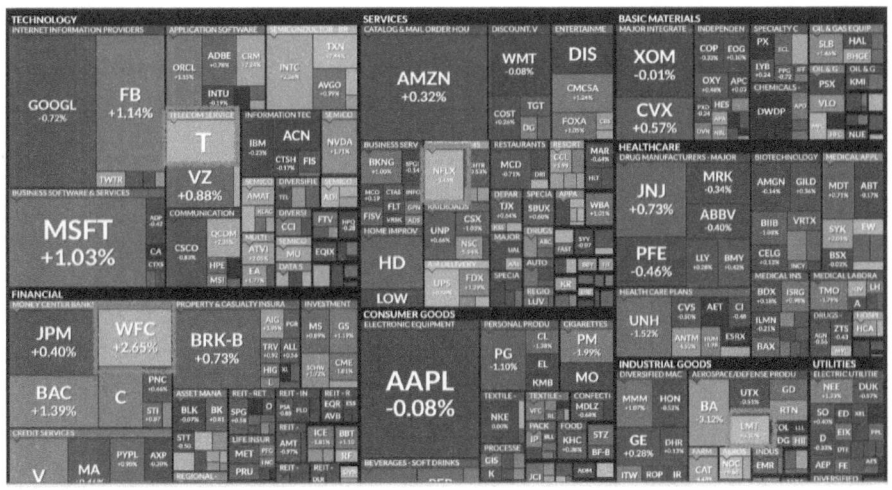

小節 3

大盤解讀

大盤解讀

　　大盤是一個股市的總表現,因此,我們監控大盤走勢可以幫我們瞭解整體股市的強弱表現情形。大盤好則個股表現好的機率就會提高,反之大盤跌,個股跌的家數也會增加許多。

1.指數列表-裡面可以選道瓊工業指數,S&P500,Nasdaq,費半指數為代表。

2.快速圖表-看當時較短時間內的及時表現變化。

3.波段走勢-看一個波段的趨勢,以便瞭解未來可能的走向。

　　在波段走勢中觀看:

多頭趨勢-創新高 回檔不破前低,多轉空-
不創新高,破前低。

空頭趨勢-創新低 反彈不過前高,空轉多-不創新低 高前高。

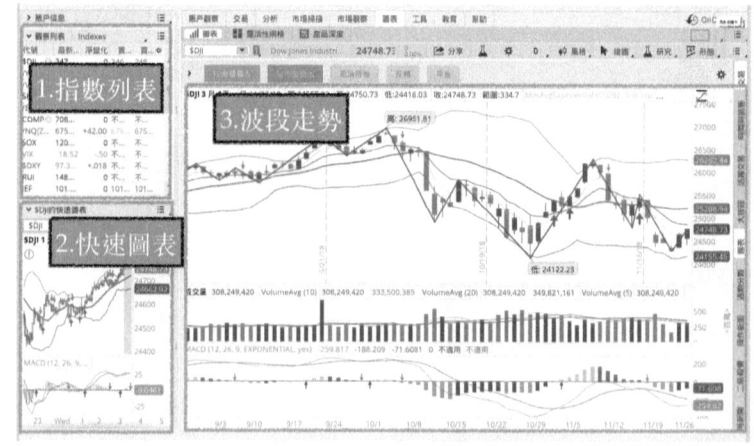

小節 4
之字轉折指標(Zig Zag)

　　股市大部分時間是上升趨勢或下降趨勢,市場不會永遠沿著一條直線移動,Zig zag "鋸齒狀"這個詞正好形容了價格走勢出現的峰(peaks) 和谷(troughs),Zig zag Indicator(ZIG) 峰谷指標顯示歷史趨勢走勢,對分析者尋求明顯的趨勢反轉時機大有裨益。

　　Zig zag 指標有兩個參數。首先您需要定義一參考點,它可以是一天收盤價,當日高或低點,第二個參數是百分比值。當價格扭轉了至少指定的百分比,我們把參考點連接點,形成鋸齒形線,有了這樣的指標就可以畫出波段的高低轉折。

　　應用例子:Zig zag 指標最近部分線段的尾端與實時的最新價格相連,這也是說,當前價格的變化能影響指標的前值(最近線段的斜率) ,股票價格可以改變以前的指標值。除了價格逆轉的確定,Zig zag 指標可用於計數艾略特波浪 Elliott Wave Count.

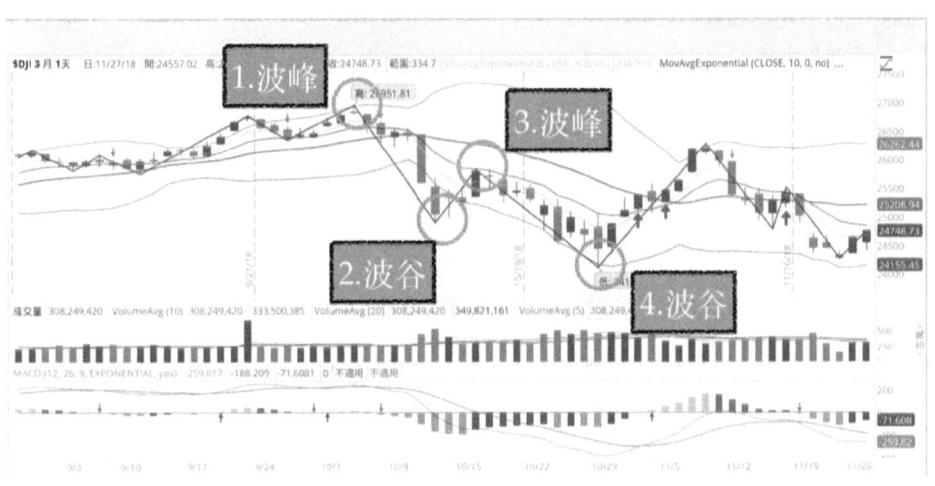

小節 5
交易策略

股票切入策略

　　美股投資攻略，基本上以價值為核心，所選中的公司一定是賺錢有成競爭性的好公司，並且在股票進入不同合理價之下(物超所值)階段時，再以不同的投資攻略切入，就能提高投資效率。

前題：A.找好公司，　B.在合理價格之下買進。再搭配美股投資攻略如下：

1.不跌-Sell put。當我們預期股價已經跌到價值曲線之下，股票變得物超所值，這時可以用Sell put策略，即可賺現金流也同時可能買到物超所值的股票。

2.小漲-持股，可利隨著公司獲利賺差價及配息。

3.大漲-持股、Buy call，一般是買股票賺差價，如果是積極投資人也可做一部份短線的Buy call是獲利更加速。

4.不漲-Sell call。到此階段，股價漲不上去了，就要考慮扛手中股票找高點賣出，可用Sell call協助將手中股票賣出並且賺取現金流。

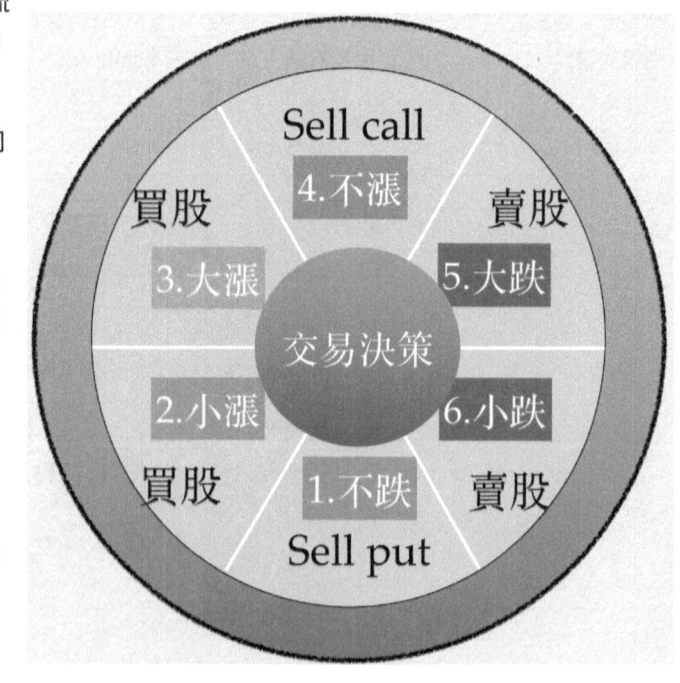

5.大跌-Buy put，不持股。大跌前要把手中股票出清，並且反手作空，不建議直接作空股票，反是Buy put來操作，以達到風險最小但是獲利很大的以小博大方式。

6.小跌-不持股。這個階段建議不持有股票，或是換強勢股操作，或是等待拉回再重新找買點。

也有些朋友，擔心當系統性風險來臨的時候，怎麼辦呢？所以一直不敢開始投資，在本書的風險規劃篇教朋友系統風險指標，讓您可以容易的掌握到風暴的訊號，如此，不僅可以避免巨大虧損的風險，另外可以利用反向的槓桿ETF，VIX波動率指數或是期貨等避險資產等做反向操作，進而大大的獲利。

小節 6
股票買賣

股票分析

當我們透過大盤分析及個股紅綠燈檢查後,確認整個股市的氣勢維持在穩定大漲、小漲或盤整時,並且在沒有系統風險的疑慮之下,我們從口袋名單拿出好股票並確認是物超所值時,我們就可以用適當的策略去下單做股票買賣。

看盤軟体

小節 1

下載Thinkorswim看盤軟体

Thinkorswim看盤軟体，有針對不同的電腦作業系統設計版本，有分Windows版、Mac OS X版、Linux版及其他平台版本，要下載可按以下連結:https://mediaserver.thinkorswim.com/installer/install.html

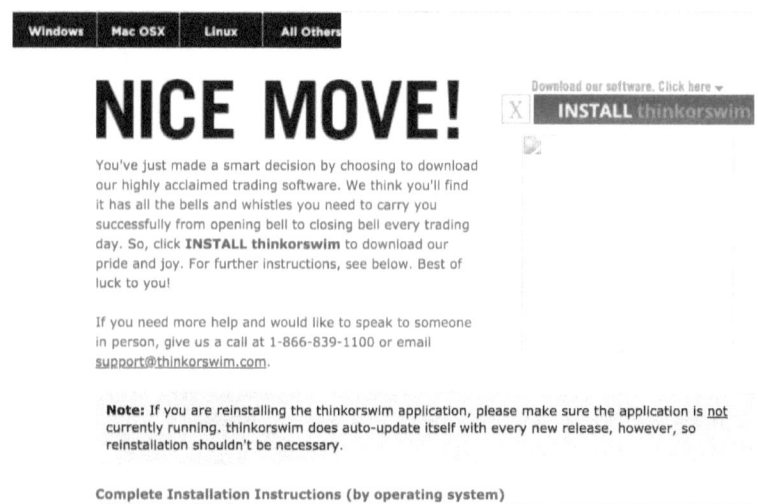

小節 2
登入帳號

登入帳號

　　登入thinkorswim看盤軟体，要登入使用者帳號及密碼，選擇左邊是真實交易或選擇右邊是模擬交易，左下角齒輪圖示是設定，右下角問號是獲取技術支援！

使用設定

　　按齒輪之後進入設定，可更改語言為英文、簡体及繁体等，顏色方案可不同主題的顏色，字体大小，網路代理不用更改，內存使用也不用改，最後按「保存]即可儲存設定。

小節 3
版面認識

看盤版面的圖表基本上分如下:

1. 觀察列表-可以把各種股票屬性分類放在不同的名稱列表中，例如:道瓊30支清單、標普100大清單、巴菲特清單，定期檢視的股票代號，追蹤其價位與表現。

2. 快速圖表-可以看短線分鐘線，如1分線、3分線、5分線作為及時下單的參考。

3. 圖表-可以用來中長期投資，如日線、週線、月線等作為趨勢的參考。

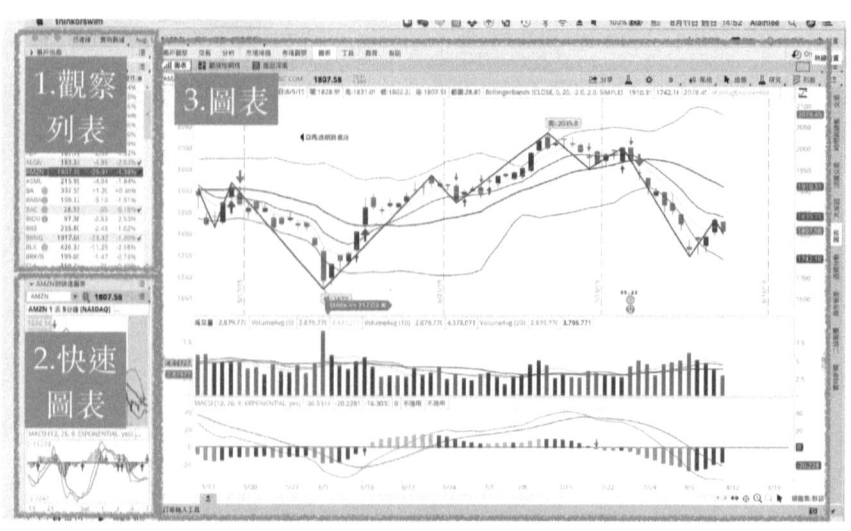

小節 4
更改預設值

可以使用自己習慣的語言界面及每次股票及期權預設下單量可以更改為自己合適及常用的習慣以免下錯了。其步驟如下:

1. 設置-進入設置

2. 程序設置-針對程序上的設置

3. 更改語言

4. 語言-選繁體

5. 股票預設-針對股票的設置

6. 默認訂單數量-針對股票預設數及遞增量

7. 期權預設-針對期權的設置

8. 默認訂單數量-針對期權預設數量的設定及每次增加數量的設定

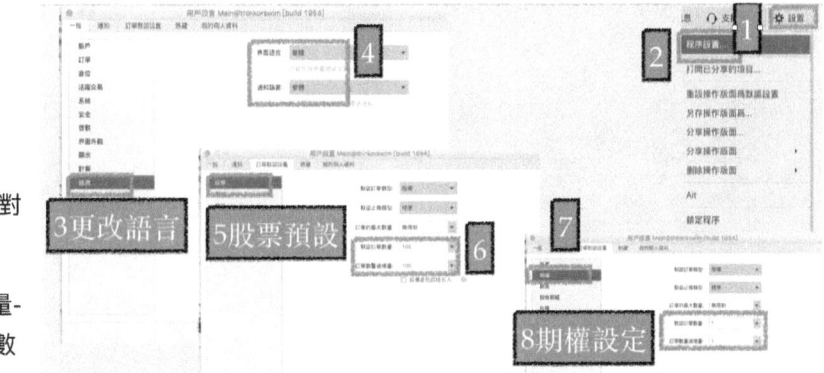

小節 5
下單交易

要下單交易,如下步驟:

1. 交易-選交易選單。

2. 買賣股票-選底層證券,可以買賣股票。

3. 買賣期權-選期權鏈,可以做買賣選擇權。

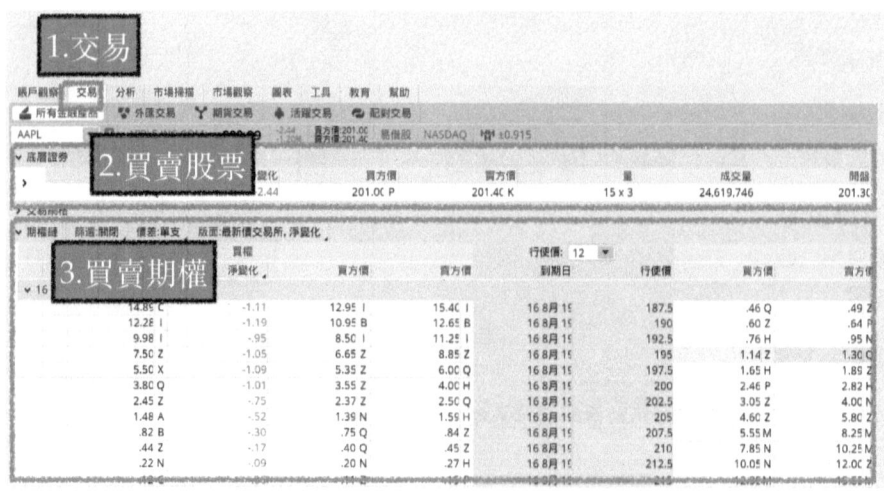

小節 6
如何買股票

1. 選交易

2. 選底層證券-若選期權鏈則是買賣選擇權。

3. 按此(賣方價)買股票

4. 滑動調整買價-左邊是買方價，右邊平均價，投資人可以選一個合宜的價格。

5. 確認並發

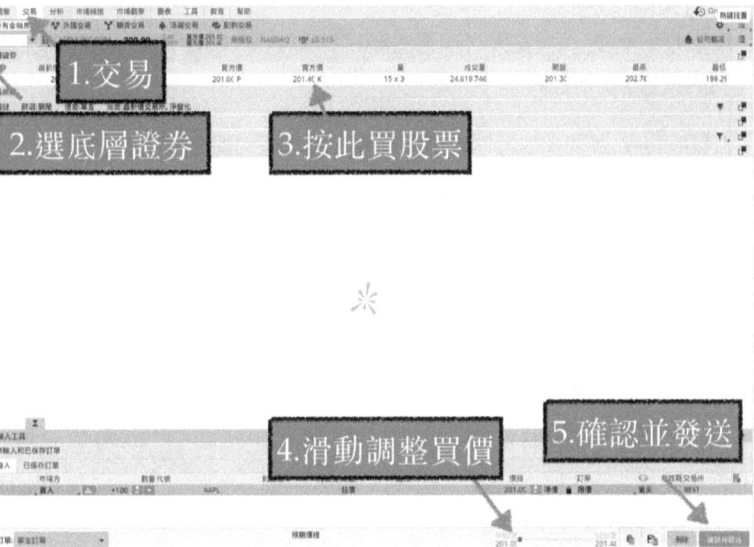

小節 7
注意股利

美股的股利是從公司的盈餘發放給投資人，所發的股利不會除權息，亦即股票價格不會降下來，因此，投資人可以特把握一下發股利的機會，即將發股利在畫面上可以看到發股利的記號，$符號 如下：

1. 發股利-觀察列表裡可以看到 $ 符號，代表近期即將發放股利
2. 發股利-在圖表畫面上也可看到 $，滑鼠移到 $ 可以看到發放日期及金額。

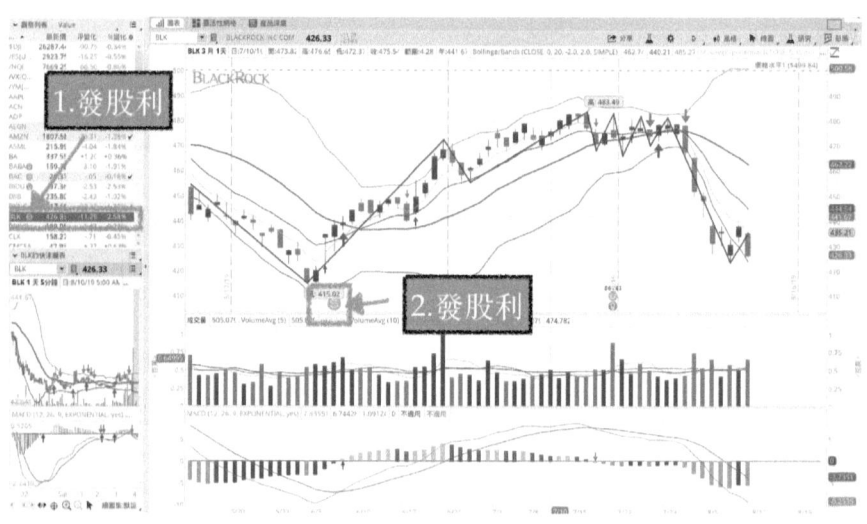

小節 8
恢復正常版面

　　看盤軟体好不容易設成自己滿意的樣子之後,可以將其儲存,並且在不時之需時恢復自己喜歡的版面,其步驟如下:

1.(在圖表右上角)按設置。

2.儲存版面-可儲存成自己習慣操作的版面。

3.按Ait畫面恢復正常-Ait是自己取的一個版面名稱,每個人可以自行命名,並且在儲存之後,隨時可用來恢復設定。

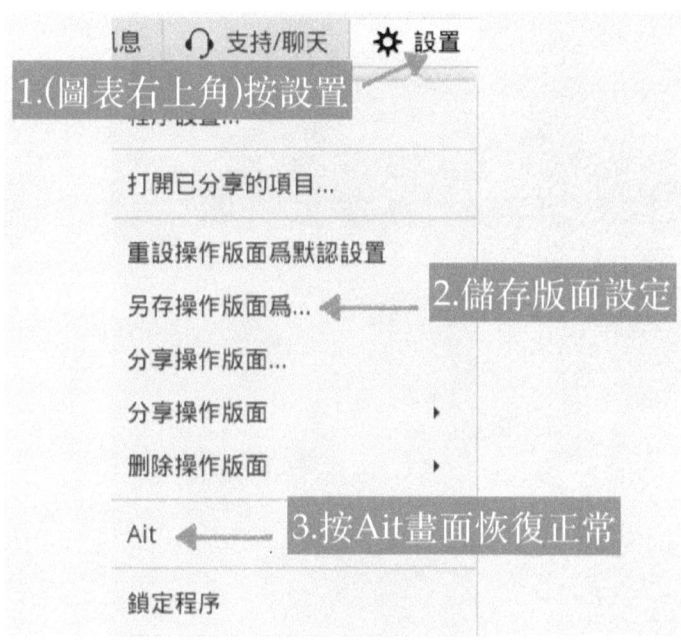

小節 9

選擇Value清單

在操作的版面的觀察列表,可以將觀察列表分類命名,一旦命名之後可以將股票代碼集中在各種分類裡面,例如畫面上有一個觀察列表叫"Value"就是用來存放有價值的好公司股票,如要將其叫出來如下:

1.選觀察列表-按下去會展開及收合。

2.選個人-個人是用來存放個人所創建的列表。

3.選Value-就是要展開Value裡面的股票代碼。

4.Value清單出現-可以看到裡面都是自己存放的有價值的股票。

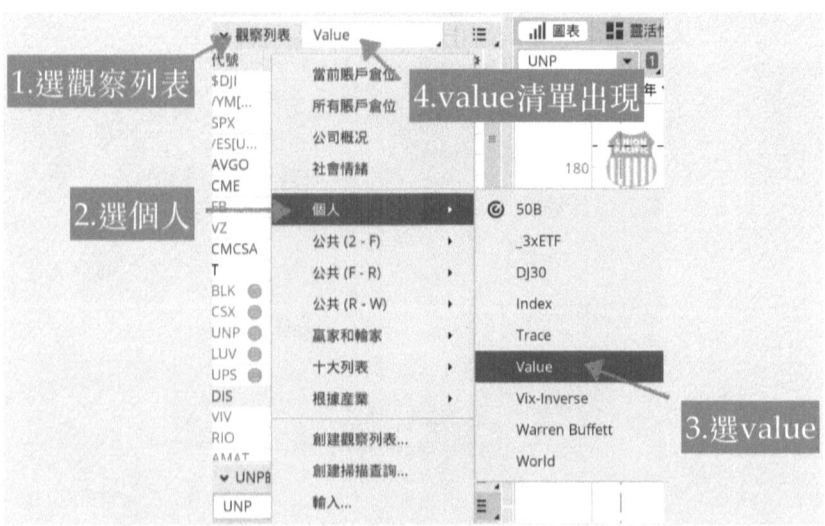

小節 10

賬戶信息

用來觀看帳戶內相關信息,看賬戶裡有多少錢?還剩多少錢可以用呢?

1. 期權購買力-可用來交易期貨、選擇權的購買力。

2. 淨清倉值及當日沖銷-目前帳戶股票、現金總價值多少錢。

3. 當日沖銷剩餘餘次數-資金要有25000美元以上可作當沖無限制,如果低於25000美元會被限制一週只能當沖三次。

4. 現金轉存計劃賬戶-現在存在裡面的現金餘額,但是真正可以使用的現金需要扣除有作其他商品的保証金部份,才是真正可以用的現金。

5. 交易可用資金-此現金是包含了可融資的資金在內,因此,如果全部使用了就會用到融資的部份,會被計算利息的。

	賬戶信息	
1	期權購買力	$88,485.49
2	淨清倉值及當日沖銷	$88,485.49
3	當日沖銷剩餘次數	3
4	現金轉存計劃賬戶	$88,485.49
5	交易可用資金	$88,485.49

小節 11
賬戶觀察

當我們下單之後,第一個動作就是要去賬戶觀察,是否成交,以下分別說明下列的交易活動:

1. 選賬戶觀察-可以觀察交易情形。

2. 活動和倉位-看今日交易活動。

3. 尚待執行訂單-剛送進去的單會先放在這裡等待交易。

4. 已成交訂單-已經成交的訂單會放入這裡。

5. 取消訂單-被取消的訂單放在這裡。

6. 倉位概覽-觀看買到的股票有哪些。

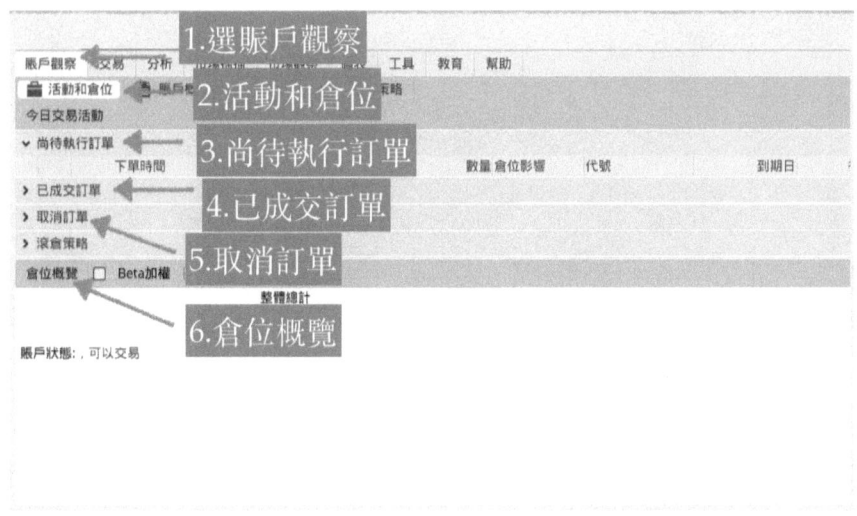

小節 12
創建警示

每個人都有自己的生活及工作,因此,不可能時時守在電腦螢幕前面看盤,為了掌握買賣最佳的時機,我們可以使用券商軟体提供的警示功能,去做一些我們希望被通知的事項,例如:利用創建警示監控整個市場變化或追蹤某一特定股票到達某個價位時通知我們,每個人可依個人喜愛做一些警示的設定,以替代我們用眼睛盯盤及第一時間通知到我們。

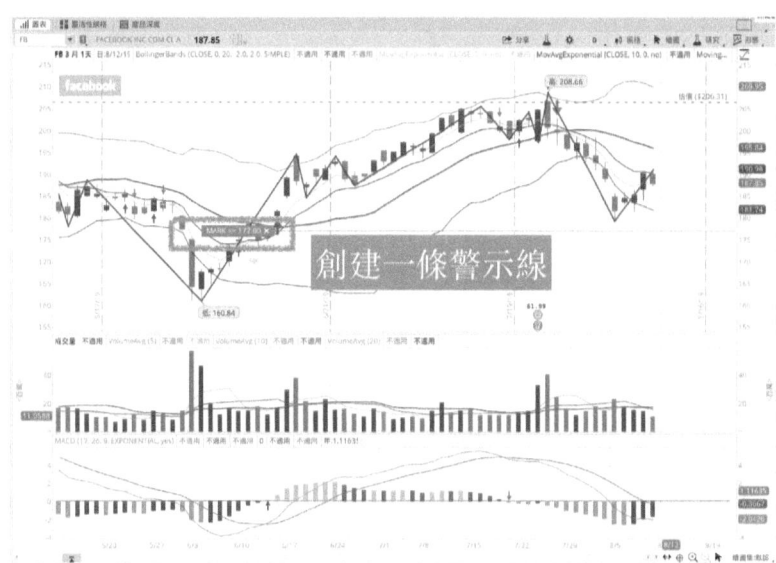

賺錢金三角

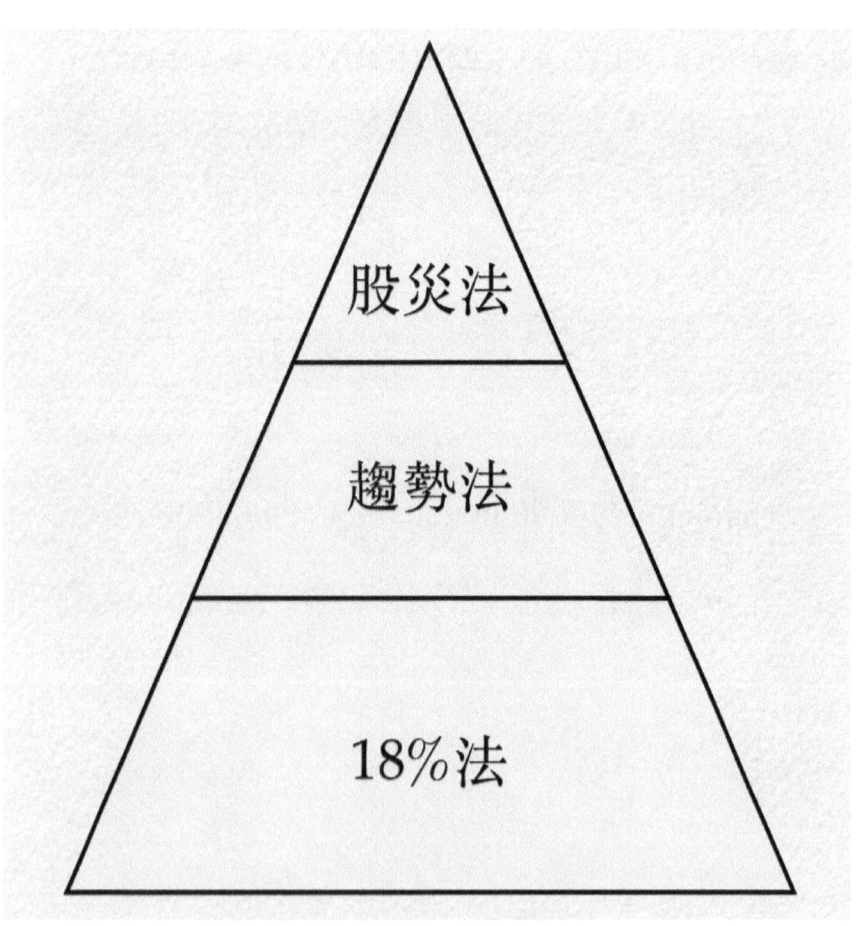

小節 1
穩定獲利18%法

這是一個穩定收現金流的方法，當我們手上沒有股票時可以作收保費(sell put)，每週大約1%，而最大風險就是保証金被轉換成事先評估過的好股票。當我們手中有股票，也不要讓股票閒置，我們可以拿股票去收租金(sell call)，收取租金也是大約每週1%左右的利潤，最大的風險就是把股票高於我們的成本價賣出，賺取差價。以上有什麼特色呢？

東西賣出去，錢收進來-大部份人賺錢都是要靠銷售東西，才能換錢進來，這裡賣的是什麼東西呢?就是賣股票選擇權的合約，賣出合約那一刻後錢就收進來，當你做sell put時，代表你跟對方保證股票以多少錢向他收購，萬一股票跌到這個收購錢之下，您的保證金就會自動換成當初約定的價格股票，保証金給對方，對方的股票給您。

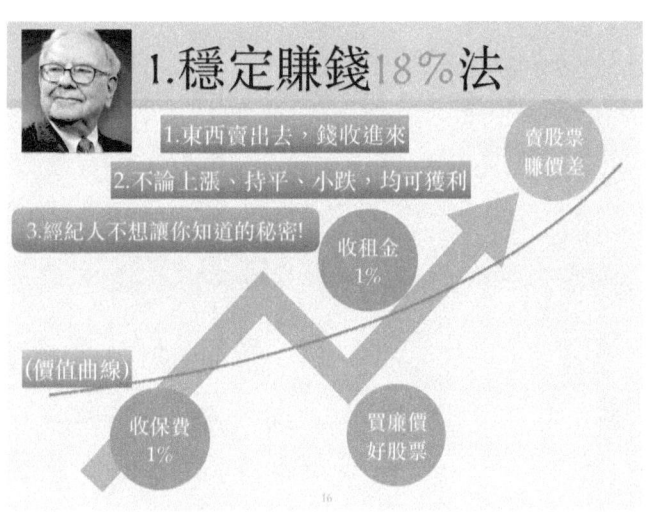

這個穩定獲利18%法的好處就是它的勝率很高，不論大漲、持平、小漲，均可獲利，因此，我們只要篩選出長期往上基本面賺錢的好股票，再加上避開高檔時的股災風險就能趨吉避凶，長期穩定獲利。

經紀人不想讓你知道的秘密!-如果你問銀行理專或基金經理人是否該買股票，只會得到同樣的答案:交給理專或經理人吧!

小節 2

趨勢法

　　賺錢的另一種策略是趨勢法，這種方法就是股票經過一番整理之後落底跌不下去，並且開始突破有起漲訊號時買進，例如畫面上在190.96買進，經過一段時間的持有，到達設定的賣出訊號236.76賣出，3個月獲利17%。

　　投資是長期的，千萬別浮躁，您才能勝出。有些人做當沖每天殺來殺去，時刻活在一個緊張的狀況之下，這樣對身心靈都是莫大的傷害，也影響到自己的生活，當沖是我所不建議的，建議投資人要抓住趨勢賺趨勢財。

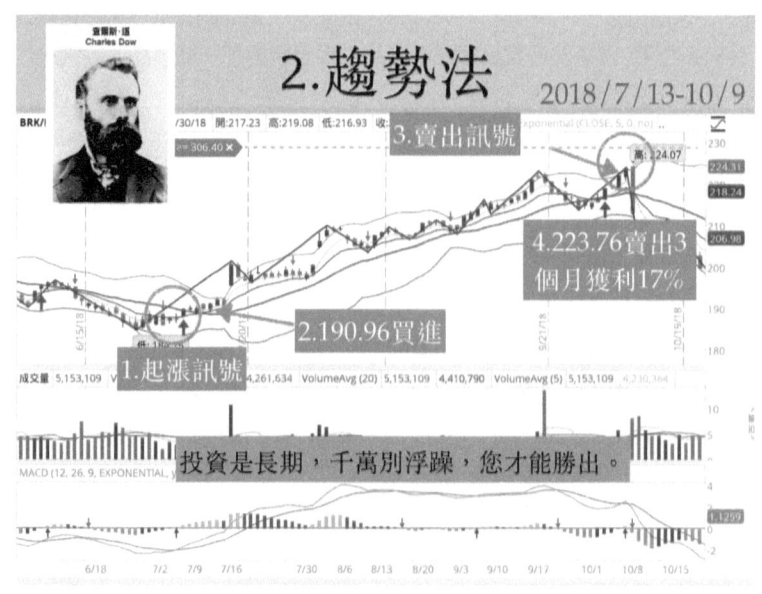

小節 3
股災法

　　在投資股票的世界裡股價時漲時跌，就像潮汐有起有落一樣，因此，當股價來到一個相當高檔的時候、投資人就要有警戒心，當政治、社會及經濟發生不穩定動盪時，就容易產生大跌的情況，這時候手中的持股要適當的減碼，甚至反向作空，啟動股災下獲利模式。

　　一個成功多空都會操作的投資人，必需在平時穩定累積賺錢，遇到股災時，拿部份累積賺到的錢，再來以小博大，能夠有這樣的順序時，您投資在災股下的錢，都是您以前贏來的錢，在心理上就能承受股災時的大振盪，才能賺到機會財，即使不幸輸了也不會輸到本錢，回去平時賺錢模式，再去累積賺錢即可，等待下一次機會。

　　遇到股災情況時，美股適合在大跌中操作的商品有反向ETF、恐慌指數、原物料、黃金…等期貨。

　　連結網站:https://www.finviz.com/map.ashx?t=etf

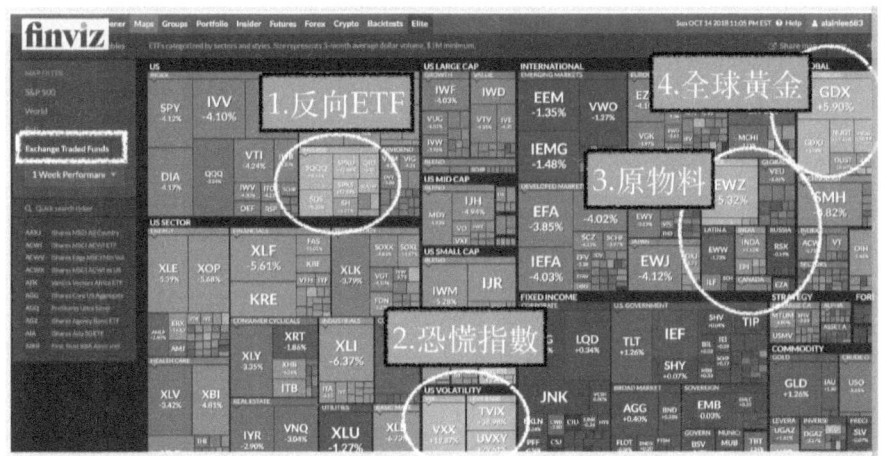

資產配置

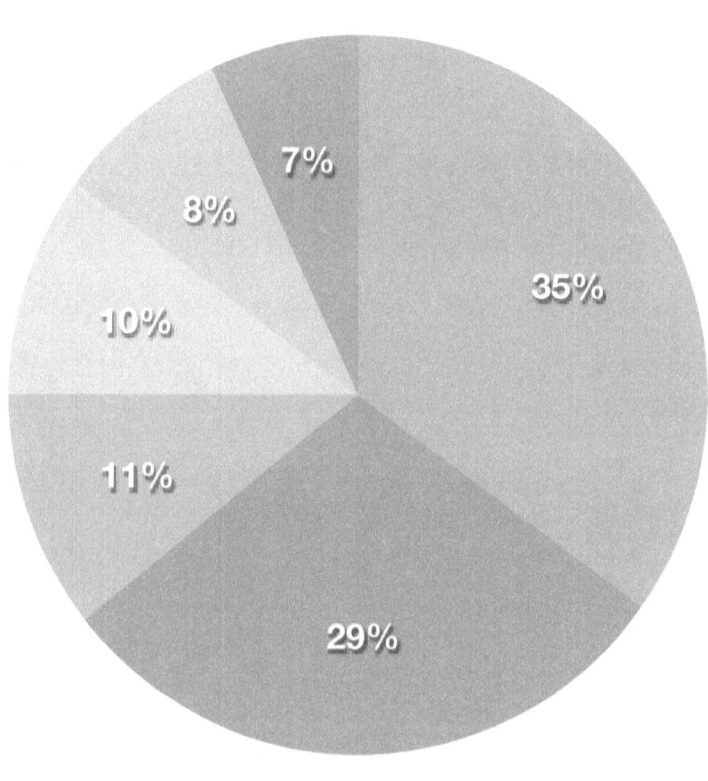

小節 1
資產配置

投資理財需要做資產配置，避免押寶在單一標的上面，也就是所謂雞蛋不要放在同一個籃子裡面，如此，風險才不會過份集中在一個地方。

何謂資產配置(asset allocation)，就是指將本金分別投放於不同的資產類別之上。例如：股票、債券、外匯，原物料、 REITs(房地產信託基金)等等。由於各類資產之間，風險及回報受經濟環境影響各不相同，相加之下正好減低整體波幅，卻不失它們之間的綜合回報。

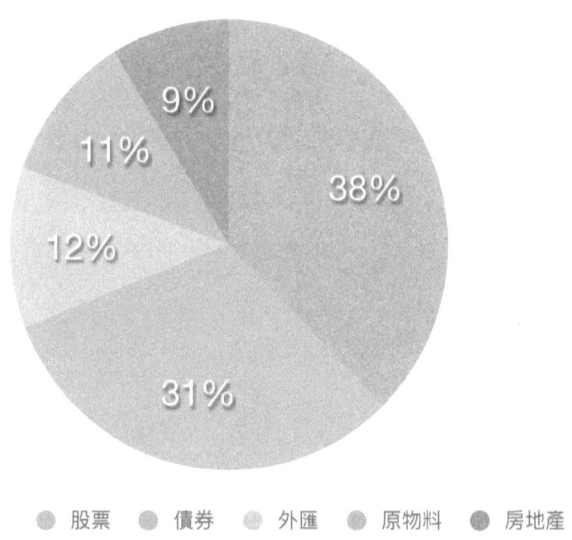

小節 2
ETF觀測站

為了讓我們很快速有的瞭解ETF市場那一類表現強弱勢,很快掌握各類資產的趨勢表現,我們可以在ETF觀測站網站來觀看,並且做為資產配置的重要參考。

1. MacroMicro ETF觀測站連結:https://www.macromicro.me/etf。

2. 各地區股市ETF:全世界(ACWI),歐澳遠東(EFA),歐元區(EZU),新興市場(EEM),東南亞國協(ASEA),美國(SPY),中國(ASHR),日本(EWJ),德國(EWG),英國(EWU),俄羅斯(RSX),巴西(EWZ),印度(EPI),非洲(AFK),台灣()EWT) 。

3. 重要產業ETF:科技(IXN) ,金融(IXG),能源(IXC),工業(EXI),必需消費(KXI),非必需消費(RXI),原物料(MXI) ,通訊(IXP),公用事業(JXI),醫療(IXJ),機器人與自動化(ROBO) ,網路公司(FDN),雲端運算(SKYY),歐洲金融(EUFN),生物科技(IBB),房地產(RWO),半導體(SOXX) 。

4. 債市、商品ETF:高收益債(HYG) ,全球債券(BND),美國公債(IEF),抗通膨債(TIP),新興市場美元

債(EMB),新興市場當地貨幣債(LEMB),不動產投資信託(VNQ),美元(UUP),商品市場(DBC),原油

(USO),天然氣(UNG),黃金(GLD),農產品(DBA),白銀(SLV),基本金屬(DBB),稀土/戰略金屬(REMX),Global X鋰電池(LIT)。

　　　切換觀看週期:

5.切換觀看週期1D(日k)-短線趨勢。

6.切換觀看週期1W(週k)-中線趨勢。

7.切換觀看週期1M(月k)-長線趨勢。

8.找到地區強勢為巴西(EWZ) 為這幾天創新高,可以短期買點。

9.找到重要產業ETF的弱勢代表為金融(IXG) 為這幾週創新低,最近這幾週表現不好。

10.找到債券及貨幣強勢商品為美元(UUP)為這幾月創新高,最近這幾個表現強勁。

小節 3
看火花圖找新趨勢

　　對於大多數投資人來說，光從熱門企業的動向要找到很強勢的個股，難度相當高，所以建議投資人，尋找標的時，以大盤指數ETF和產業ETF當作主要觀察，並配合火花圖可以協助您在趨勢上的判斷，這樣的穩定性會相對高許多，美股市場有非常多元的ETF可以觀看，例如:看好QQQ,可以選擇科技類股，看好XLE或XOP,可以選擇能源類股，看好XLP或XLY，可以選擇消費市場成長，看好VNQ,可以選擇Reits,看好EWT,可以找來台灣搭配組合

　　另一個方式，找出適合自己的布局組合，才是長遠的投資之道，喜歡追逐熱門股的投資人，透過ETF也可以間接持有，例如我看好Facebook、Amazon、Netflix、Google等美國近年來的四大熱門企業，那麼我可以透過投資QQQ，間接持有這些熱門股，因為熱門股也會有漲多回檔修正的時候，這次看對熱門股，不代表下次也可以，即使他們是科技舞台上的主角，但難保他們不會在競爭中突然倒下，透過大盤或產業ETF去間接投資熱門股，當出現投資風險時，投資人更有機會可以優雅的退場。

小節 4
風險監控Shiller PE Ratio

　　Shiller週期性調整本益比為Robert Shiller(2013年諾貝爾經濟學獎得主,耶魯大學教授並著有非理性繁榮)所提出,將一般的本益比透過過去10年的通貨膨脹與季節因子調整,可以反應較為實質的股價評價。

　　目前美股調整後本益比約在30倍左右,超越金融海嘯前的27倍水平,扣除網路泡沫時的本益比水準,目前的美股本益比在相對的高檔位置。

網站連結:https://www.macromicro.me/collections/34/us-stock-relative/410/us-sp500-cyclically-adjusted-price-earnings-ratio

小節 5
美10年公債殖利率>3%

美10年公債殖利率>3%

　　當美國10年公債殖利率推升到 3%，將是這波股市多頭的警鐘。

網站連結:https://www.macromicro.me/collections/34/us-stock-relative/3919/sp500-10y-yield

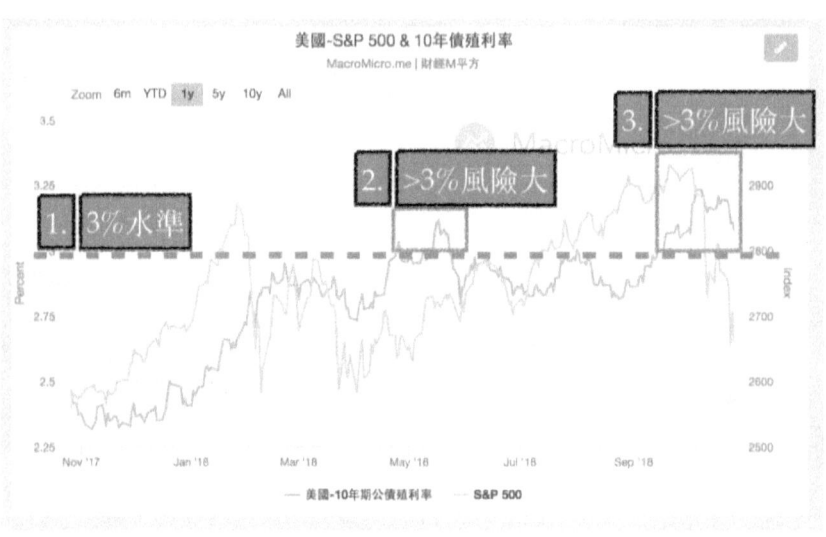

小節 6
Vix波動率指數

Vix波動率指數

https://www.macromicro.me/collections/34/us-stock-relative/47/vix

　　VIX波動率指數由美國芝加哥期權交易所(CBOE) 推出，以S&P500指數選擇權的價平與價外的權利金去計算出未來30天市場預期的波動程度，因此VIX波動率指數又被稱為恐慌指標。以S&P 500指數為例，通常股市下跌，伴隨著急於退場的投資情緒將導致股價波動程度加劇，此時VIX指數將顯著攀升；反之，股市上漲，伴隨著行情看多的滿足心態，此時VIX指數將逐步下滑。因此，通常VIX指數超過40，代表市場對未來出現非理性的恐慌，相對的，VIX指數低於15，則代表市場對未來出現非理性繁榮。

　　用以反映 S&P 500 指數期貨的波動程度，測量未來三十天市場預期的波動程度。VIX 指數超過 40時，表示市場對未來的非理性恐慌。 VIX 指數低於 15時，表示市場出現非理性繁榮。

　　vix與美股的股價走勢成反向關係，創3個月的新高-股價相對過低，創3個月的新低-股價相對過高

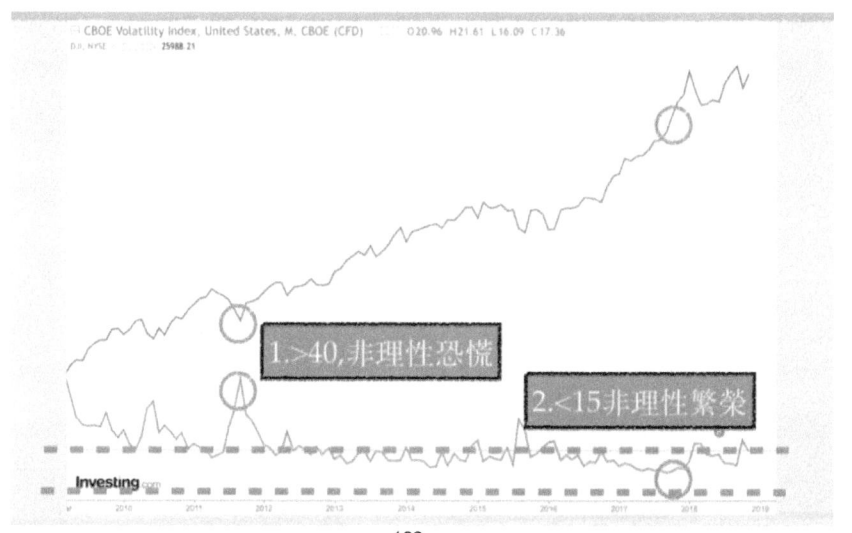

小節 7
美國-10年減2年期公債殖利率

　　長天期公債殖利率常被拿來檢視該國景氣通膨狀況，短天期則常被拿來預測該國利率決策。兩者利差則可透露美國景氣位置。

1. 長短天期利差上升時，美國景氣風險提升，適合投資債券，

2. 長短天期利差下降時，美國景氣風險下降，適合投資股票，長短天期利差轉負時(簡稱 Inverted yield curve)，美國景氣將達頂峰，透露未來1~2年美股有機會出現明顯滑落(1990、2000、2008皆如此)。

* 領先美股反轉點1~1.5年。

* 連結參考：https://www.macromicro.me/collections/34/us-stock-relative/3919/sp500-10y-yield

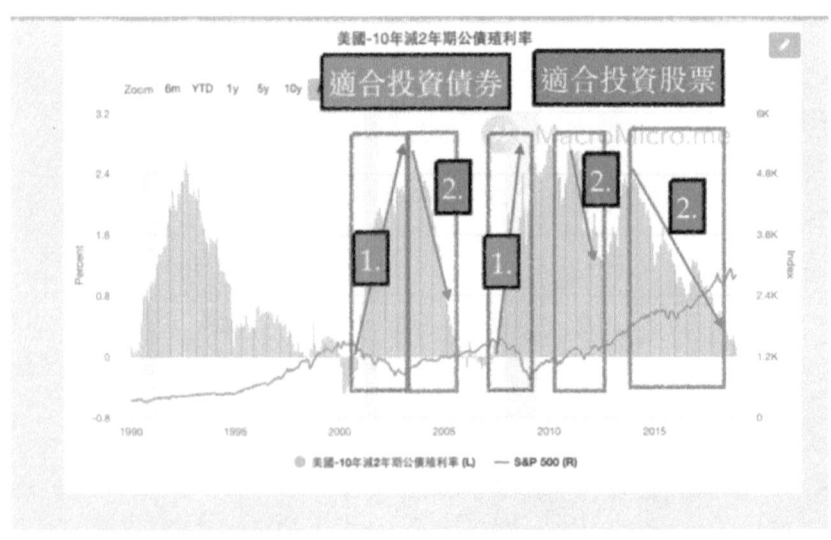

小節 8
美股-巴菲特指標

股神巴菲特於2001年12月時,在富士比雜誌的一篇專文中提到: 用股市總市值和GNP的比值,可作為判斷整體股市是否過高或是過低, 因此被泛稱為巴菲特指標。

此指標可以衡量目前金融市場是否合理反映基本面,巴菲特的理論指數為

1.75%~90%為合理的區間。

2.超過120%則為股市遭到高估。

網站連結:
https://www.macromicro.me/collections/34/us-stock-relative/406/us-buffet-index-gspc

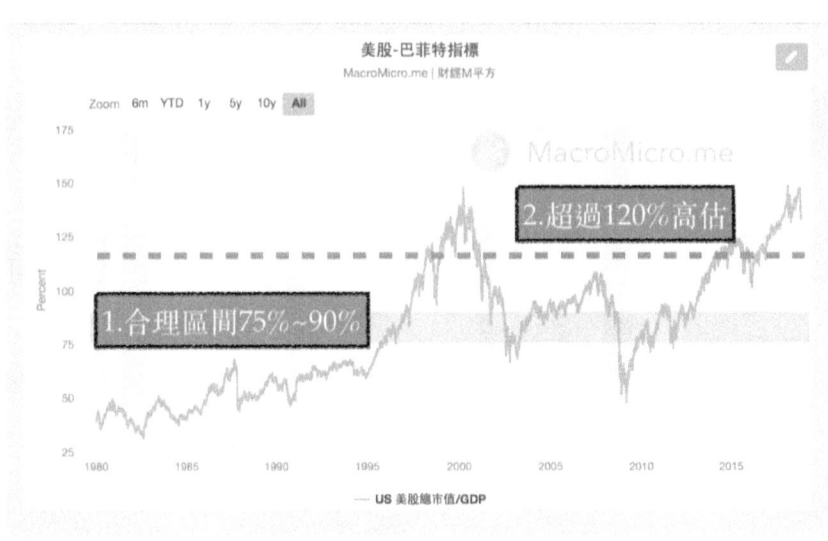

成功者的習慣

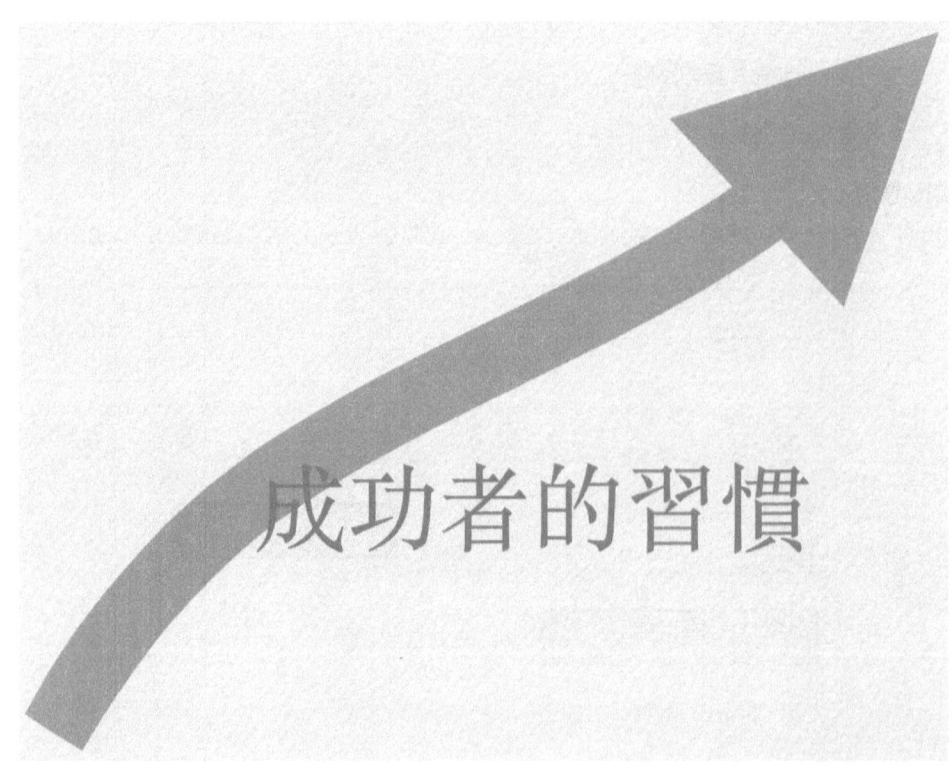

小節 1
聽其言觀其行

　　常常看到報紙上有些美股相關新聞，這時候要去作相關性的去了解，例如:科技股後市AI、5G最受期待，這時候要去找AI、5G相關股票，例如AAPL、AMZN、MSFT、GOOGL、FB...的估價，賺錢能力、線型走勢...等等。

1 科技股後市 AI、5G最受期待

FAAMG與科技泡沫美國科技股評價估值比較

2018年FAAMG（美國科技五騎士時代）	
公司名稱	股價本益比(P/E)
Apple	14.1
Amazon	81.1
Microsoft	24.4
Alphabet	22.6
Facebook	20.5
FAAMG平均	22.6

2000年Tech Bubble（科技泡沫時代）	
Microsoft	55.1
Cisco Systems	116.8
Intel	39.3
Oracle	103.6
Lucent	35.9
Tech Bubble平均	55.1

資料來源：Goldman Sachs　單位：倍
資料日期：2018/06/04　製表：錢震怡

2

FAAMG與科技泡沫美國科技股評價估值比較

小節 2
避開不賺錢的原因

1.受短期價格波動影響-新聞消息,機會的變重都要隨時留意但不隨波逐流。

2.受朋友,媒体新聞影響買貴了-要聽其言觀其行,要去看公司的營收表現。

3.買到不是好公司-好公司是有條件的,平常就要去收集賺錢的公司、成長性高的公司、毛利潤率高的公司、負債比低的公司、營運現金流多的公司。

4.缺耐心等待好時機-只有在好的公司及好的股價及轉折點是最好的時機點。

5.風險沒有分散-風險適當的分散可以避掉一些公司個別的風險。

1● 受短期價格波動影響-新聞消息,機會

2● 受朋友,媒体新聞影響買貴了

3● 買到不是好公司

4● 缺耐心等待好時機

5● 風險沒有分散

小節 3
巴菲特:不要賠錢

投資上在消極上是不要賠錢,在積極上就是要應用各種成功策略賺錢:

1.投資賺錢企業-投資有賺錢的公司才是穩定獲利的關鍵。

2.用合理價格買-才不會買到好公司,但是價錢太貴。

3.低檔增加持股-當一家好公司掉落到物超所有的區域時,那時的投資氣氛可能不佳,但是成功的投資人這時侯反而是可以低檔增加持股。

4.停利&停損-停利是超過公司的本質多時,這時候要適當的獲利停利。但是在市場不穩定時企業易受影響,恐遭波及股價,這時也要停止擴大虧損,這時候就要立即停損。

5.克服人性-貪、怕、猶豫不決-應用客觀心理不受心理影響正確決策。

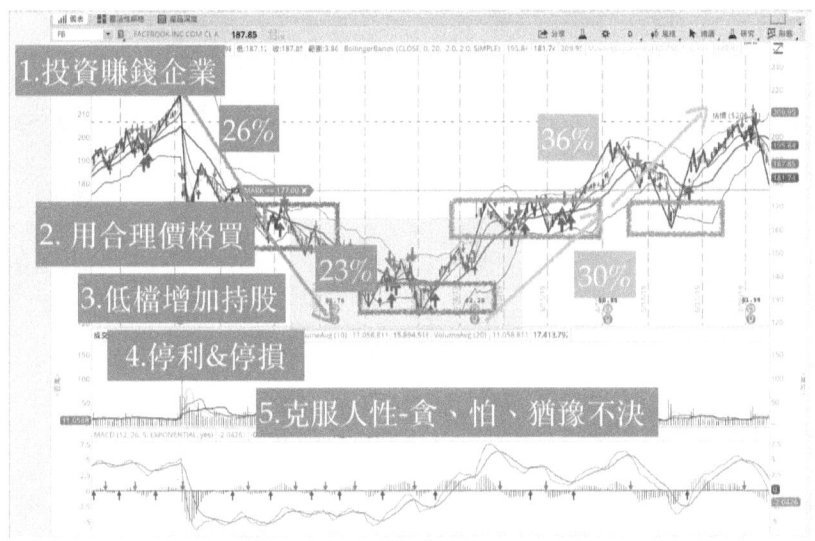

www.ingramcontent.com/pod-product-compliance
Lightning Source LLC
Chambersburg PA
CBHW021422210526
45463CB00001B/495